U0816000

中国名村志文化工程
Culture Project of Local Records of China's Famous Villages

高碑店村志

LOCAL RECORDS OF GAOBEIDIAN

北京市朝阳区高碑店乡高碑店村志编纂委员会　编

方志出版社
Publishing House of Local Records

图书在版编目（CIP）数据

高碑店村志 / 北京市朝阳区高碑店乡高碑店村志编纂委员会编 . -- 北京：方志出版社，2017.12

（中国名村志丛书）

ISBN 978-7-5144-2787-5

Ⅰ. ①高… Ⅱ. ①北… Ⅲ. ①村史—朝阳区 Ⅳ. ① K291.5

中国版本图书馆 CIP 数据核字（2017）第 305174 号

·中国名村志丛书·

高碑店村志

编　　者： 北京市朝阳区高碑店乡高碑店村志编纂委员会
责任编辑： 丛　珺

出 版 人： 冀祥德
出 版 者： 方志出版社
地址　北京市朝阳区潘家园东里 9 号（国家方志馆 4 层）
邮编　100021
网址　http://www.fzph.org
发　　行： 方志出版社图书经销中心
电话　（010）67110500
经　　销： 各地新华书店
排　　版： 北京纺印图文设计制作有限公司
印　　刷： 北京中科印刷有限公司

开　　本： 787 × 1092　1/16
印　　张： 13.75
字　　数： 301 千字
版　　次： 2017 年 12 月第 1 版　2017 年 12 月第 1 次印刷

ISBN 978-7-5144-2787-5　**定价：** 109.00 元

◉ 序一

连绵不断地编修地方志是中国独有的优秀文化传统，承担着赓续文明、传承文化的重任。保存至今的8000余种、10万余卷历代方志，蕴含着传统文化基因和海量文化信息，既是中华优秀传统文化的重要组成部分，又是传承、彰显中华优秀传统文化的重要载体。

在各种类型的地方志编纂中，村志编纂古已有之，但从未进入国家层面的地方志编纂序列。新中国成立以来，党中央、国务院高度重视包括村志编纂在内的地方志工作，出台了重要文件。中央领导发表了重要讲话、作出了重要批示。习近平总书记高度重视包括村志编纂在内的地方志工作。2004年10月，他在担任浙江省委书记时到江山市凤林镇白沙村考察，看到村民编纂的《白沙村志》，鼓励村民把村志继续编纂下去。2014年4月，刘延东副总理在与第五次全国地方志工作会议部分会议代表座谈时指出："要结合发展的新形势，加强对地方志包括部门志、行业志、专题志、乡镇村志编纂的业务指导和服务。"2015年8月，国务院办公厅印发的《全国地方志事业发展规划纲要（2015—2020年）》，正式将中国名村志文化工程列为主要任务之一。2017年5月，中共中央办公厅、国务院办公厅印发的《国家"十三五"时期文化发展改革规划纲要》指出："完成省、市、县三级地方志书出版工作。开展旧志整理和部分有条件的镇志、村志编纂。"可以说，村志编纂迎来了历史上的最好时期。

农业、农村、农民"三农"问题，是数千年来影响中国社会发展最核心的问题。中共中央高度重视"三农"工作，从2004年起，连续13年，每年的中央1号文件都聚焦"三农"。中共十九大报告更是提出"农业农村农民问题是关系国计民生的根本性问题，必须始终把解决好'三农'问题作为全党工作重中之重"，特别是提出了"乡村振兴战略"，这是中国共产党在中国特色社会主义进入新时代后，对农村发展问题所做出的准确把握和与时俱进的战略应对，是建设中国特色社会主义强国战略的重要组成部分。改革开放近40年来，在党中央、国务院高度重视社会主义新农村建设的新形势下，各地涌现出一大批历史文化名村、经济强村、新农村建设示范（试点）村、美丽乡村和特色村，成为先进生产力和先进文化的代表。客观记录中国农村全面建成小康社会的进程，向后人展示在中国共产党领导下农村千年未有的巨变，是地方志工作者肩负的光荣而重大的历史使命。编纂中国名村志丛书，是记载当代中国农村发展变革的重要途径。

文化寻根，寻的是其发展的源头和根基。村落是中国传统文化的根基所在。农村的生产生活方式、社会规范、宗族文化、宗教文化、民风习俗、传统节日、民间艺术等，无不镌刻着中国人独特的民族性格，这就是家国情怀、文脉绵延、精神归属。在快速城镇化进程的冲击和开发性破坏下，大量传统村落面临消亡的危机，村落蕴含的历史文化信息也流失殆尽，抢救性保护刻不容缓。编纂中国名村志丛书，是保存村落历史文化信息，抢救、保护村落文化最好的方式。

一方水土养一方人。家乡的山水草木、村间小巷、乡俗民情会在每个人心头留下深刻的烙印，这就是故土情结。而村落的形成与发展离不开人的活动。编纂中国名村志丛书，通过记述村落建筑、名门望族来追溯村落的历史；通过记述村落规模、布局、人口、物产等反映人口来源、宗族兴衰、生活习惯、文化背景、宗教信仰、经济发展等，体现环境与人相互影响、相互作用、相互发展的既矛盾又统一的关系；通过记述戏剧、音乐、舞蹈、美术、文学、手工技艺等文化形式，展示百姓在长期的生产生活实践中摸索和总结出的智慧结晶，强化人们沟通感情的纽带。编纂中国名村志丛书，是传承乡俗、诉说乡音、记住乡愁、纾解乡思，激活历史传统、唤起共同文化记忆、塑造共同心灵认同的重要文化工程。

中国名村志文化工程以践行文化自信、传承中华文脉、彰显时代发展为己任，以打造全国地方志系统的重要品牌为目标，在体裁运用、篇目设置、资料选择等方面进行大量的创新，突出“名”和“特”，拣选各个名村中最值得记述、最具有代表性的人、事、物，予以浓墨重彩的描画，从而形成系列的、高质量的、可读性强、雅俗共赏的地方志读本，让地方志紧接地气、贴近百姓，让地方志成果进入寻常百姓家，让人民群众共享地方志成果，让越来越多的人从地方志中感知传统、历史和记忆，成为传统村落和传统文化的守护者，成为中华优秀文化的传承者。

是为序。

中国社会科学院院长
中国地方志指导小组组长 王伟光
2017年11月

◉ 序二

习近平总书记指出："让居民望得见山，看得见水，记得住乡愁。"这句富有诗意的重要论述不仅唤醒了中国人城镇化建设过程中对于人和自然关系、人和历史关系的思考，同时也引发了学界对"乡愁"进一步进行文化意义解读的兴趣。从本质上看，乡愁是一种源自主体体验的情感，隐含了一种人们带着乡愁追寻自我生存与生命意义、追寻诗意栖居的精神家园的美学思辨。同时，这种追寻自我生存的主体逐渐转向大众群体，乡愁也由传统单一的"文化乡愁""爱国情怀"演变为对于"理想家园"的精神追求。

中国有近 60 万个村庄，约有 5000 个古村落，被住房城乡建设部和国家文物局界定的传统村落就有 1561 个。随着中国城镇化步伐的加快，乡村的版图日渐凋敝，大批农村青壮年劳动力走进城镇，融入了新的生活。然而，每逢传统佳节，那种挥之不去的离愁别绪挟裹着亿万农民工，又融入了返乡的滚滚洪流。这是乡愁的情愫牵动着他们，是故乡的山、故乡的水、故乡的老屋、故乡的小吃在牵动着他们，是故乡家家户户的楹联和口口相传的故事，以及只有在隆重的传统佳节才有的古老的民风习俗在牵动着他们。

文化可以体现一个民族、一个国家、一个社会的重量与体温，这是文化的力量之所在，而村落是传统中国的根脉所系，乡土社会是最能够体现中国传统文化特征的地方。梁漱溟曾指出："中国文化是以乡村为本，以乡村为重，所以中国文化的根就是乡村。"我曾在《建设社会主义新农村的理论与实践》一书中指出，在新农村建设的过程中，必须"保护和发展有地方和民族特色的优秀传统文化，创新农村文化生活的载体和手段，满足农民群众多层次、多方面的精神文化需求"，而编纂村志尤其是实施中国名村志文化工程就是一个重要举措。实施中国名村志文化工程，编纂中国名村志丛书，以最基层的村落为研究对象，寻根传统村落的历史，梳理村落的发展脉络，以唤起人们的归属感和认同感，探索新型城镇化和社会主义新农村建设过程中，如何留住乡音、乡风、乡思，继承传统文化精华，挖掘丰富历史智慧，是贯彻落实中央城镇化工作会议精神和中共十九大提出的“乡村振兴战略”的重要举措，是当前和今后一个时期全国地方志工作者的重要工作。

虽然村落文化正在日益远离当下生活，但我们可以抓住诸如基本村情、文物胜迹、古村保护、特色文化、旅游名胜、村域经济、风土民情、村民生活、新农村建设、艺文杂记、名人与名村等关键内容，通过志书的手法来诠释乡村文化的精华。我们如实记录着村落里的人和事，以及青山绿水、小河大树、袅袅炊烟，力争以最完整、最原真的方式呈现村落的前世今生。我们要为“迷失”的人留住乡村文化的根脉，让人们难以割舍的乡愁得以慰藉和释放。

中国名村志文化工程将触角伸向那些极具代表性的村落，它们有的历史悠久、名人辈出，有的经济腾飞、重获新生，有的风景秀丽、景观独特，有的地处边陲、神秘莫测……我们挖掘中国不同类型村落的发展之路，为探索新型城镇化和社会主义新农村建设的发展经验、发展模式、前进道路提供历史智慧和现实借鉴。因此，打造以重在表现乡村嬗变为主旨的中国名村志丛书十分必要和迫切，这是一项功在当代、利在千秋的文化工程。

近年来，随着中国经济社会的发展和国际地位的提高，越来越多的人想要认识中国、了解中国、研究中国。在这样的形势下，乡村是不可或缺的一环，我们要集中讲好发生在乡村的故事，向世界呈现一个多元的、立体的中国。乡村历经岁月变迁的风雨，见证着改革开放的步伐，寄托着数代中国人的情感。发生在乡村的故事无疑是血肉丰满的、震撼人心的、引起共鸣的。我们应该有这个自信能够讲好乡村故事，讲好中国故事，描绘出中国的底色，“让每一个中国人都能在地方志中找到自己的位置”。

可喜的是，越来越多的有识之士认识到了这一点，加入到保护、传承、发展村落文化的队伍中来。仅就编纂中国名村志丛书来看，第一批的申报范围就涵盖包括香港特别行政区在内的 32 个地区，申报数量高达 70 余部。“直笔著信史，彰善引风气，为当代提供资政辅治之参考，为后世留下堪存堪鉴之记述”，这是我们的初心和使命。希望中国名村志文化工程的实施，能够带动更多的人关注中国乡村文化，为社会主义文化强国建设作出更大的贡献。也希望越来越多的名村都来融入继承中华文化传统、颂扬中华传统文化的活动中，让正能量更多地润泽温暖人们的心灵，让更多的人“记得住乡愁”！

是为序。

中国社会科学院副院长
中国地方志指导小组常务副组长
2017 年 11 月

◉ 中国名村志文化工程专家委员会

◉ 中国名村志文化工程学术委员会

◉ 北京市朝阳区高碑店乡高碑店村志编纂委员会

主　任　王春清

副主任　王维成　李云飞　关得志　彭大龙

委　员　王　源　邢东强　王　娟

◉ 北京市朝阳区高碑店乡高碑店村志编辑人员

主　　编　王春清

副 主 编　王维成

执行主编　王　源

编　　辑（按姓氏笔画排序）

王　源　王孝国　宋雨秋　周佳琳

周　娟　姜　原　蔡广培

摄影排版　王晓静　刁明玉

图片提供　高碑店村民委员会

高碑店整体景观（2004 年）

◉ 中国名村志丛书凡例

一、以马克思列宁主义、毛泽东思想、邓小平理论、“三个代表”重要思想、科学发展观、习近平新时代中国特色社会主义思想为指导，坚持辩证唯物主义和历史唯物主义的立场、观点和方法，存真求实，全面、客观、系统记述我国村落发展变化进程和改革开放成果，传承和抢救乡土历史文化，激发爱国爱乡情怀，为探索中国特色新型城镇化建设、社会主义新农村建设的发展经验、发展模式、前进道路提供历史智慧和现实借鉴。

二、为全面反映入志事物发展脉络，各志上限尽量追溯至事物发端；下限一般断至各村志启动编修年份，个别重大事项可延至搁笔。

三、记述地域范围以下限年份的行政辖区为主。为体现名村在更大区域内的意义，可以从更开阔的区域视野记述与该村相关的内容。

四、统一采用纲目体，设类目、分目、条目三个层次。横排门类，纵述史实。除《中国名村志丛书基本篇目》要求的必设类目外，其余类目根据各村实际，依照突出时代特色、地方特色的原则自行安排。

五、综合运用述、记、志、传、图、表、录等各种体裁，以志体为主。

六、除引用文字和附录文献资料外，统一使用规范汉字及现代语体文记述体。记事坚持秉笔直书、述而不作，只记事实，不作评论，寓观点于材料之中。行文力求朴实、严谨、简洁、流畅、优美，具有较强可读性。

七、人物部类遵循“生不立传”原则，人物传主按生年排序，只选录对本村发展有重大影响的人物，不面面俱到。

八、所需数据一般采用政府统计部门数据，无政府统计部门数据时选用主管部门正式提供的数据。

九、数字用法、标点符号、计量单位分别执行国家标准《出版物上数字用法》（GB/T15835—2011）、《标点符号用法》（GB/T15834—2011）、《国际单位制及其应用》（GB3100—1993）和《有关量、单位、符号的一般原则》（GB3101—1993）。历史上使用的计量单位，如斗、石、里、尺、磅、华氏度等，在引文时可照录。考虑到社会使用习惯，全书中亩不统一换算，1公顷＝15亩。

十、自中华民国成立后的纪年，均使用公元纪年。志中所称“解放前（后）”，以当地解放日为界；“新中国成立前（后）”，以中华人民共和国成立日1949年10月1日为界；“改革开放前（后）”，以中共十一届三中全会召开的1978年12月为界。本志“××年代”，凡未加世纪者，均指20世纪的年代。

十一、为节省篇幅，避免重复，本志采用条目互见法。参见条目的表示形式为：参见本志“××类目·××分目·××条目”。

十二、对旧志、古籍中的繁体字、冷僻字一般用简化字或通用字替换，易引起误解的则保留。

十三、记述各个历史时期的党派、机构、职务、地名等，均以当时的名称为准。对频繁使用的名称，首次用全称，其后用简称。

十四、各村志需要单独说明的事项，均在各自编纂始末中记述。

高碑店村在中国的位置

1：32 000 000

审图号：GS（2017）3697 号

高碑店村在北京市的位置

审图号：GS（2017）3697 号

高碑店村平面示意图

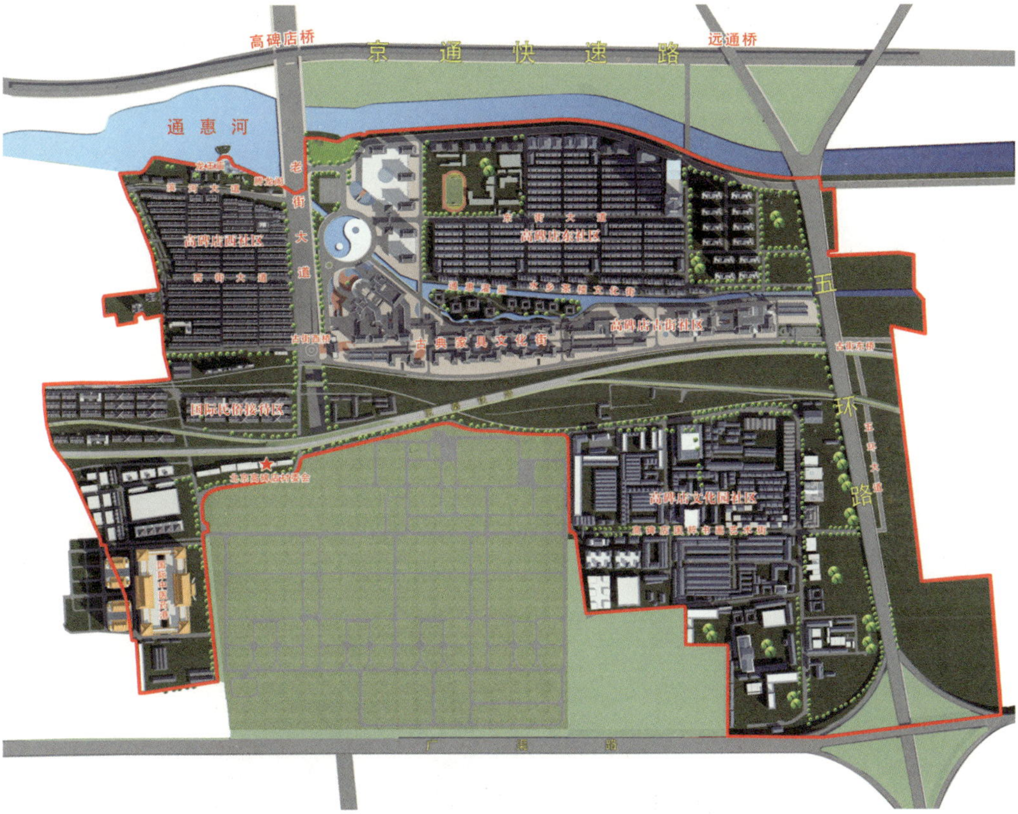
高碑店桥
京通快速路
远通桥
通惠河
老街大道
高碑店西社区
西街大道
古街西桥
古典家具文化街
国际民俗接待区
北京高碑店村委会
东街大道
高碑店东社区
水乡茶园文化街
高碑店古街社区
古街东桥
五环路
五环大道
高碑店文化园社区

高碑店新村鸟瞰图（2012 年）

通惠灌渠北岸

高碑店夜景（2012 年）

漕运码头平津闸遗址

漕运码头遗址公园

2012 年 1 月 13 日，高跷会参加高碑店村漕运庙会演出

村民的晚年生活

2005 年 2 月，高跷会在英国伦敦演出

龙王庙

2006 年，少儿高跷舞动悉尼

2013 年 6 月 9 日，高碑店村端午节活动

风斗

瓦房

瓦檐

灶台

老物件——木箱

全国创建文明村镇工作
先进村镇
中央精神文明建设指导委员会办公室
2009年1月

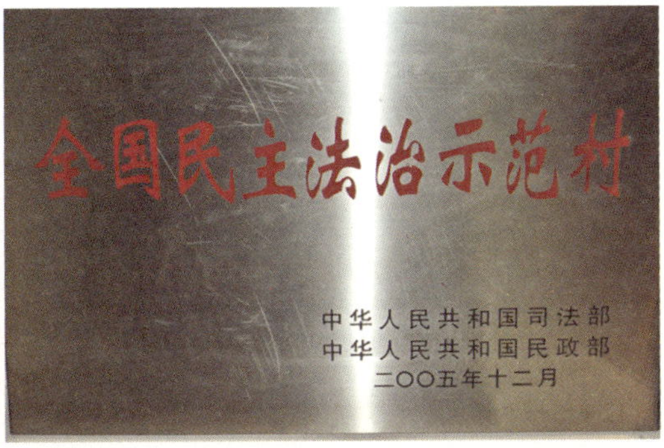
全国民主法治示范村
中华人民共和国司法部
中华人民共和国民政部
二〇〇五年十二月

全国绿色小康村

全国创先争优先进基层党组织
中共中央组织部
二〇一二年六月

中国幸福村
北京朝阳高碑店村
APCRD
APEPA
中国村社发展促进会特色村工作委员会
亚太农村社区发展促进会
亚太环境保护协会APEPA
2011年12月

全国文明村镇
中央精神文明建设指导委员会

全国三八红旗集体
中华全国妇女联合会
2012年2月

民间文化产业示范基地
FOLK CULTURE INDUSTRY EXAMPLE BASE
中國創造
CHINA IDEA

北京高碑店

◉ 目录

传承漕运史，谱写新华章

高碑店村志

高碑店村是由北京市朝阳区高碑店乡3个自然村合并而成的行政村，位于天安门城楼东8千米处，具有千年历史。

高碑店村，位于北京市东长安街延长线南侧，通惠河畔，距天安门8千米，辖区面积2.7平方千米。

高碑店村是首批全国社会工作服务标准化建设示范社区、全国民主法治示范村、全国绿色小康村、全国创建文明村镇工作先进村镇、全国三八红旗集体、全国交通安全文明示范村、全国示范社区卫生服务中心、全国农业旅游示范点等，还是首批北京市最美的乡村、首都文明村、首都平安村、首都文明示范街、北京市卫生村、北京市思想政治工作优秀单位等。

高碑店村是历史悠久的千年古村，早在辽金时，即已形成。据宋人洪皓《松漠纪闻》记载，郊亭（今高碑店）草肥水美，先民依水而居。高碑店的兴盛也与这一湾河水息息相关。元代时，水利专家郭守敬修成与京杭大运河连通的漕运河道，元世祖忽必烈特赐名“通惠河”。高碑店村地处通惠河边，郊亭闸就在村内。史料记载，通惠河诸闸曾更改名称，“其西城闸改名会川，海子闸改名澄清，文明闸仍用旧名，魏村闸改名惠河，籍东闸改名庆丰，郊亭闸改名平津，通州闸改名通流，河门闸改名庆利，杨尹闸改名博济”。由此可知，高碑店又即平津闸之所在。高碑店村的命运自此与京杭运河紧密联系一起。元朝定都于大都（今北京）之后，由于皇城建设的需要，大批木材在此周转。高碑店村成为珍稀木材聚集地，更是皇粮商品集散地。当其时也，沿河两岸，商铺毗邻，车水马龙，商贾云集，人声鼎沸，一派繁荣景象。古老的大运河带给这个古村空前的兴旺与辉煌。明清两代，漕运兴盛，高碑店村也因地处码头而商业发达，繁荣兴盛。

因河而兴，亦因河而变。清朝末年，高碑店村的命运迎来了一次巨大转折。清光绪二十六年（1900），运营千年的漕运彻底退出历史舞台，高碑店村遭受有史以来最重的一次打击。时变人也变，面对漕运停止的商业衰退，高碑店村人没有气馁，没有放弃。靠水吃水，他们利用水道附近的土地开挖鱼塘，养鱼卖鱼。一时间，高碑店一带处处是鱼塘，户户以渔为生。渔业兴盛的时候，京都四处的渔行，都有高碑店人在经营。直至20世纪60年代农业合作化时期，高碑店村尚有200余亩鱼塘。2000年，村里鱼塘被填平盖房，养鱼业才最终消退。

有消则有长，有去则有生。改革开放以来，尤其是进入21世纪，在党中央、国务院有关农村建设的一系列新理念新思想新战略的指引下，高碑店村创新强农、协调惠农、绿色兴农、开放助农、共享富农的新征程也由此开启。高碑店村在国家政策的引导下，通过自身努力，实现了根本性变化，迈上了新农村建设的新台阶。

20世纪90年代起，随着北京市总体规划的调整、朝阳区农村城市化进程加快及国家和市重点工程建设加快，高碑店村原有2300亩耕地大部分被陆续开发征用，纳入北京市整体规划之中。随着农村城市化深入推进，绿化隔离带建设、土地使用、拆迁腾退、转居转工、劳动就业、社会保障等问题日益突出，高碑店全村经济建设，似乎陷入困境，变成一个“叫农村无农业，称农民无耕地，农转居无工作”的“三无”村。穷则变，变则通。关键时刻，高碑店村人紧抓时代脉搏，勇当时代弄潮儿的精神又发挥了主要作用。高碑店村按照上级要求，在高碑店乡党委、政府的正确领导下，结合自身资源禀赋，明确发展方向，挖掘发展潜力，转变发展方式，解决生产生活问题。村党总支审时度势，齐心协力，视挑战为机遇，把压力变动力，凭着一股子拼劲儿，经过几年不懈努力，逐渐探索出一条建设社会主义新农村的路子，带领村民走向共同富裕，在经济上、文化上走出一条城乡接合部的特色发展之路，把高碑店村建成“发展有后劲、人人有事干、生活有乐趣”的“三有”村。

挖掘文化底蕴，打造古典家具文化产业，是高碑店村人挖到的第一桶金。晚清时期，随着漕运的衰退，高碑店村作为珍稀木材聚集地的地位早已荡然无存。然而，这段记忆却成为高碑店人的重要财富。高碑店人坚信，高碑店村作为千年古村、漕运码头，文化积淀深厚，又与木材有着不解之缘，如果发展古典家具行业，定能云集各地古典家具商人。2003 年 6 月，高碑店村党总支决定将古典家居行业进一步打造升级。村委会经过统一思想和科学论证，确定大力培育发展高碑店古典家具一条街，推动经济快速发展的思路。2003 年 10 月 11—19 日，高碑店村举办了首届古典家具展示会。之前只有二三十家商户自然形成的古典家具一条街，2003 年年内，入住商户就达 202 家。为推动古典家具街的发展，树立高碑店古典家具大品牌，村党总支对“村名、标识、宣传口号、经营思想、解说词、灯饰、服饰、牌匾”八项内容进行统一规范，先后成立“北京通惠高碑店古典家具有限公司”“古典家具行业协会”，并提出“旧的是珍品，新的是精品”的诚信经营理念。2005 年 12 月，高碑店村古典家具一条街被北京市商务局确定为“市级特色商业街”。经过不断发展和完善，高碑店村已形成一个集加工、展示、展览、销售、仿制、修复于一体的古典家具集散地，并将中国的古典家具远销到欧美、东南亚等地区。与此同时，高碑店村也成为朝阳区首批认定的文化创意产业聚集区。截至 2015 年，这一产业聚集区已经拓展成“三街、两区、一园”的发展格局，即古典家具老街、古典艺术新街、水乡茶楼一条街，国际民俗旅游接待区、医药批发物流区，以及华夏民俗文化园。2016年年初，高碑店村以“古典中式、国风文化，传承有道、泽施乡邻，利在当今、永惠后代”为理念，对古典文化产业进行统一规划、统一设计和整体改造提升，融入“汉唐明清、东西南北、小桥流水、花香草绿”的文化元素，综合提升古典家具街和国粹艺术区的整体形象和产业潜力，重塑古典家具特色产业在村内的龙头地位，使古典家具街和国粹艺术区成为引领全村文化产业发展、带动旅游产业扩规模上档次的示范产业新社区。高碑店村已经出现了“化蛹成蝶”般的蜕变。截至 2016 年，已有 400 余家特色古典家具商户落户古典家具街。

整治环境，促进文化产业持续发展和升级。高碑店村人深知良好的卫生环境和人文环境是促进文化产业向纵深发展的基础。环境整治最大的难点是治理通惠灌渠。当时，全长 1500 米的灌渠两岸，杂草丛生，垃圾成山，污水横流，到处是临时建筑，还有 390 余个坟头，被称为高碑店村的“龙须沟”。在这种情况下，村党总支迎难而上，团结一致，于 2003 年 12 月，打响治理通惠灌渠第一枪。工程整整历时 100 天，完成了对灌渠北岸的整治绿化；对灌渠两岸的坟头创造性地实行“以树代墓”。全村还进一步建成内含“芦香苇岸、荷塘月色、垂钓区、停车场、健身休闲区”五大板块的湿地公园。公园里，河水清澈，绿树成荫，鸟语花香，空气清新，乡土气息浓郁，是村民休闲的好去处。有优美的景致铺垫，灌渠南岸的漕运餐饮文化街工程方得以完全展现。

凝聚民俗文化力量，展现农民风采。高碑店村依水而生，漕运文化在这里打下深深的烙印，而今更显得生机勃勃。娘娘庙、朝阳庵庙、龙王庙、将军庙、五帝庙等庙宇，高碑店村铭碑址和平津闸都矗立在这里。随着村容村貌和投资环境的改善，文化产业快速发展，形成了浓郁的民俗文化氛围，高碑店村深入挖掘千年古村的文化底蕴，进一步展现当代农民风采。2003 年年初，恢复了具有百年历史的高碑店漕运庙会、高跷会，成立秧歌队、小车会等 20 余支共 600 余人的文体队伍。作为非物质文化遗产——“高跷秧歌”的表演团体高跷老会和少儿高跷队更是多次走出国门，到伦敦、悉尼和洛杉矶等地一展风采。高碑店村成为国际旅游文化节分会场，成功举办“华夏民俗文化节”“使节夫人活动日”“端午民俗节”“中元河灯节”等活动。借助深厚的文化底蕴，国际民俗旅游接待工作在高碑店村悄然兴起。在挖掘和传承千年古村历史文化过程中，随着华夏民俗园的建成，一个非物质文化遗产的聚集地也随之形成。全村统筹安排，相继建成了高碑店历史文化漕运码头游览区、中国古典家具艺术文化游览区、老北京民俗文化游览区、国际民俗旅游接待区、国际中医药港交易区，打造了以村史博物馆、郭守敬塑像、码头遗址等为主的漕运码头游览线，以古典家具一条街、灌渠美景“五闸景观”、水乡茶楼一条街等为主的古典家具艺术文化游览线和以中原文化展示中心、中国科举匾额博物馆、华声天桥、华夏民俗园等为主的老北京民俗文化游览线，共同建设古典家具文化名村，实现高碑店村新的跨越。2005 年 4 月，高碑店村被北京市旅游局定为“国际民俗旅游接待村”，充分展现了高碑店村民良好的精神风貌和生活状态。

以党建为引领，统筹协调发展是高碑店村持续发展的不竭动力和源泉。村党总支以治理脏乱为突破口改变村容村貌，依靠古典家具产业突破发展瓶颈，决战灌渠唤醒千年古村，多管齐下解决村民就业保障难题等，对党员干部实施“定职、定责、定岗、定薪”考核办法，制定“三情一公平”制度，即“对待工作有激情、对待群众有热情、对待家人有亲情，处理群众问题要公平”。做到“三个坚持”，即“坚持制度管理人、坚持制度监督人、坚持制度考评人”，矢志不移形成共同理想，分析形势确立共同目标，迎难而上，化挑战为机遇，变难点为亮点，在农村城市化的夹缝中闯出一条科学发展之路。同时，坚持挖掘历史文化，发展历史文化，亦走出了一条文化产业促发展、文化活动促稳定、文化氛围促机遇的社会主义新农村建设之路。社会管理方面，按照城乡统筹发展的要求，在各级领导和部门的大力支持下，高碑店村以旧村改造为契机，不断创新，依靠群众，尊重民意，走协商共治之路，形成和谐氛围，认同发展道路和前景，彻底解决了观念陈旧、环境脏乱、治安混乱的局面，走上共同富裕之路。

看今朝，多风流；展未来，无限情。高碑店村因水而得灵秀，因水而得聪慧，因水而得柔美，因水而得久远。新一代有文化、有理想、有朝气的高碑店村人，正以更加崭新的面貌，谱写高碑店村发展新篇章。

高碑店村村景

村情览要

北京市朝阳区高碑店乡高碑店村位于天安门东8千米处，是北京近郊的一个千年文化古村。高碑店村经济发达、交通便利，社会安定和谐，村民安居乐业。高碑店村与东五环、广渠路、东四环、京通快速路接壤，辖区面积2.7平方千米。环境优越，资源丰富，四季分明，风景秀丽。郭守敬雕塑以及鲁班祠等矗立在公共文化空间和绿地之中，人文、自然、文化交相辉映，是北京市朝阳区一道亮丽的风景线。

◉ 建置沿革

村名由来

辽代称郊亭　高碑店建村历史悠久，辽太平六年（1026）已有郊亭地名，处在现今高碑店村的位置。当时大运河与京城之间的交通只有陆路，无论进城出城，走到高碑店村时，行程刚好一半，需要休憩。因此，郊亭最早的功能就是供行旅、客商们休息的“驿站”，或相当于“驿站”的亭子。随着辽南京（今北京）地位的提升和宋辽关系的改善，辽南京城与各地的交流沟通日见繁忙，郊亭也随之红火起来。从此，驿路变成了商道，驿站周围增加了商铺。茶馆、酒肆、小饭馆、小旅店、包子铺等生意越来越兴旺，不少开店的生意人逐渐在此落脚。随着谋生人口的增加，在此处聚集成村落。

金代称交亭　金大安元年（1209），刚刚登基的卫绍王完颜永济到郊亭一带打猎，将“郊亭”改为“交亭”。据《日下旧闻考》载：“按宋洪忠宣皓《松漠纪闻》云：潞县三十里至交亭，三十里至燕。今之高米店疑即古之交亭，交，高，音讹也。”洪皓曾出使金国，被扣留十五年，返回后，据其当年见闻撰写此书。可见在金代，今高碑店曾称为交亭。

元代改称郊亭 元代初年，此地仍称交亭。至元二十九至三十年（1292—1293），郭守敬主持修建通惠河时，将现境内的平津闸命名为郊亭闸。后来，元文宗到此地打猎，下旨恢复郊亭地名。

因漕运称高米店 高米店名称形成于漕运兴起时，最早出现在《燕京略纪》中："通州至京城，乘舟西行过高米店，一日即到。"漕运码头形成后，商贾云集，形成诸多米市店铺，码头附近区域逐渐被称为"交米店"。"交"与"高"发音相近，"高米店"由此演变而来。漕运把许多南方人带到此地，他们口中的"米"和"碑"发音相似，久而久之就把高米店叫成了高碑店，验证了清代《日下旧闻考》"通州至京城，中途有高米店，或呼高碑店"的说法。

郊亭夕照

因养蜂称高蜜店 高碑店原有一对来自山东的夫妻，借朝阳庵而居，男耕女织。小两口渐渐和村里人熟络，经村里同意，在空地盖起三间草屋。屋旁打井，房前种瓜，屋边种豆，生儿育女。每当春末夏初，夫妻俩在门前就摆出几个木箱，当地人不知道他们在干什么，也不了解养蜂之事，只见木箱里嗡嗡嘤嘤的有许多黄色小飞虫进进出出。夫妻俩告诉村里人小飞虫是蜜蜂，飞出去采花蜜，回到木箱后再将花蜜吐出，积少成多，酿成蜂蜜。天气炎热时节，他俩常招呼乡亲们在瓜棚下歇脚、喝水、乘凉。有一天，这家妇人拿出陶罐和陶碗，并往每个陶碗里注入些许枣花蜂蜜，用井水与之搅拌均匀，村民喝后感到味道甘甜，爽滑滋润。之后，村里人开始打听、学习养蜂酿蜜技术。几年后，高碑店村家家养蜜蜂。槐花蜜、枣花蜜和荆花蜜比较出名。高碑店枣花蜜具有养颜、滋补、美容功效，同时还可与中药配伍。清末，慈禧太后将高碑店枣花蜜作为日常饮品，并调和各种化妆颜料，美容养颜。后宫妃嫔纷纷仿效慈禧，使用高碑店枣花蜜成为宫廷时尚。同仁堂药房，专门选用高碑店枣花蜜调制中成药。由于高碑店枣花蜜独一无二的品质，品尝过这种花蜜的人认为这是京城当时最好的花蜜。因此，高碑店一度获高蜜店的称谓。

历史沿革 周，高碑店所在地属蓟国。周武王封黄帝（一说帝尧）之后于蓟（今北京广安门一带），建为蓟国。

春秋战国，属燕国。燕国灭蓟，故属燕国，地处燕都蓟城之东南郊野。

秦，属广阳郡，治在蓟。

西汉，属广阳国之蓟县。

东汉，属幽州刺史部广阳郡之蓟县。

三国魏，属幽州燕国（治蓟）之蓟县。

西晋，属幽州（迁治范阳，今河北涿州）燕国之蓟县。

十六国，先后属后赵、前燕、前秦、后燕幽州（治蓟）燕郡（前燕、前秦称燕国）之蓟县。

北魏，属幽州燕郡之蓟县。

北齐，属东北道（治蓟）燕郡之蓟县。

北周，属幽州之燕郡蓟县。

隋，属幽州（后改为涿郡）之蓟县。

唐，属幽州（天宝中改为范阳郡，至德年间复改为幽州）蓟县。

五代梁、唐，属幽州之蓟县。

五代晋，割幽蓟十六州赂契丹，地入契丹。

辽，会同元年（938）后，属南京道幽都府蓟北县（蓟县改）。开泰元年（1012）后，属南京道析津府（幽都府改）析津县（蓟北县改）。

北宋，宣和四年至七年（1122—1125），属燕山府路燕山府之析津县。

金，天德三年（1151），属燕京路析津府之析津县。贞元元年（1153），属中都路永安府之析津县。贞元二年，属中都路大兴府（永安府改）之大兴县（析津县改）。

元，属燕京路大兴府之大兴县。

明，属山东行省（后改北平行省）北平府之大兴县。永乐年间，属北京行部（后改京师）顺天府（北平府改）之大兴县。

清，属顺天府大兴县。

民国，属北平市郊二区十四保。

1949 年 1 月 31 日，北平宣布和平解放，属北平第十四区十四保。

1949 年 6 月 21 日，北平市第十三区、十四区合并，称北平市第十三区。属北平市十三区。

1950 年 8 月，北京市将十三区改称十区，高碑店村改称北京市十区高碑店乡高碑店村。

1952 年 7 月，第十区改为北京市东郊区人民政府，高碑店村改称为北京市东郊区高碑店乡高碑店村。

1958 年 5 月 3 日，北京市决定并经国务院批准：东郊区改为朝阳区。高碑店村改称为朝阳区高碑店乡高碑店村。8 月 25 日，朝阳区委决定成立幸福人民公社，办公地点设在高碑店村。高碑店村称为朝阳区幸福人民公社高碑店村。

1959 年 1 月 20 日，区民（59）字第 3 号，经区委同意决定原幸福人民公社改为高碑店人民公社。高碑店村改称为高碑店公社高碑店村。3 月，高碑店公社改称为朝阳公社，高碑店村改称为朝阳公社高碑店工作站。

1961 年 4 月，恢复高碑店公社，高碑店工作站改称为高碑店公社工作站。6 月 21 日，根据朝阳区政府指示精神，公社下设生产大队，高碑店工作站改称为高碑店生产大队。

1967 年 11 月，朝阳区成立革命委员会筹备组，高碑店公社组织建立临时机构，高碑店大队设立第一线指挥部，成立高碑店大队革命委员会。1968 年 2 月，成立高碑店大队革命委员会。

1978 年 12 月仍延续生产大队建制。1983 年，根据区政府要求，恢复高碑店乡政府，同时恢复高碑店村，辖东店、高碑店、田家洼 3 个自然村。1984 年 3 月，生产大队改为行政村，成立村民委员会。1991 年 8 月，撤销生产大队建制，成立村经济合作社。

2006 年起，根据朝社批字〔2005〕10 号文件精神，高碑店村先后合并成立 4 个社区，分别是：高碑店东社区、高碑店西社区、文化园社区、高碑店古街社区。

截至 2015 年，村域面积 2.7 平方千米，全村有 3460 户 6112 人，其中居民 5293 人，农业人口 819 人，流动人口 9400 人。

◉ 区位

高碑店村东靠东五环，南傍广渠路，西临东四环，北依京通快速路，辖区面积 2.7 平方千米，位于北京市东长安街延长线南侧，距离北京商务中心区（CBD）仅 6.8 千米。处于通州与 CBD 连接线的中点，与中国传媒大学、高新传媒区相邻。

◉ 自然环境

地形地貌 高碑店村位于北京洪积冲积扇平原，地形平坦开阔，平均海拔高度 34 米。土壤质地多为轻壤到中壤，比较均一。有少量礓石黑土，耕层土质肥沃。通惠河依村而过，北部有高碑店水闸，东部有通惠干渠。

截至 2016 年 12 月，全村社会经济结构发生明显变化，土地利用特点是开发利用程度高，后备资源贫乏。

气候 高碑店村属于暖温带半湿润季风型大陆气候，四季分明，降水集中。春季干燥多风，昼夜温差较大；夏季炎热多雨；秋季晴朗少雨，冷暖适宜，光照充足；冬季寒冷干燥，多风少雪。年平均气温 11.6℃，1 月份平均气温 −4.6℃，7 月平均气温 25.9℃。年无霜期 192 天。年平均降水量约为 581 毫米。受温带大陆性季风气候影响，降水量分布不均，多集中在 6—8 月，占全年降水量的 70% 以上。年平均相对湿度 60% 左右，夏季最高达 80%，冬季最低为 30%。

通惠河

河渠 域内有通惠河、通惠灌渠等水域，面积 0.48 平方千米。其中，通惠河横穿高碑店村，境内河长 2300 米，宽 50 米，常年有水且不结冰。

1955 年，高碑店村在高碑店一队地区修一条污水灌渠，6 月开工，11 月竣工，其中干渠一条、支渠三条，共长 8.5 千米。

2002 年，区、乡投资修建高碑店灌渠，2002 年 10 月建成，灌渠经高碑店村段长 1800 米，投入建设资金 1120 万元。

2004 年 2 月 19 日，高碑店村党总支组织有关干部召开整治通惠灌渠紧急会议，安排通惠河灌渠整治工程。工程使灌渠南岸拓出 5~6 米路面，拆除所有私搭乱建。杨家沟往东至五环路边拓出 3~4 米路面。

2004 年 3 月 11 日，高碑店村进行治理通惠灌渠二期工程。治理灌渠全长 1500 米，房屋拆迁 2000 余平方米，总投资 750 余万元，4 月底完工后，在灌渠南岸建设水乡茶楼一条街，成为通惠河南岸文化产业带重要组成部分。

通惠灌渠

自然资源 高碑店村地处暖温带，地带性植被为半湿润落叶阔叶林，原生乔木物种主要有柳、杨、槭、椴、榆、椿、桦、槐等。由于开发历史悠久，自然植被被改造为人工林网，仅有少量原生物种残遗。人工栽培的柳树、毛白杨、松柏，沿北京市第一道绿化隔离带呈南北向带状分布，三季有花，四季有绿。

自然灾害 1959 年 8 月初，连降罕见暴雨，全村受灾，农业生产遭受巨大损失。

1963 年 5 月，遭冰雹，持续 20~30 分钟，大队部分生产队菜地受灾，造成严重减产。6 月，连降暴雨 10 余天，全大队小麦受损严重，当年粮食减产。

1973 年 7 月，连下 6~7 天暴雨，全大队小麦受损。

1990 年 7 月，遭受罕见龙卷风袭击，村公路两侧大树全部被连根拔起，道路中断，全村断水、断电，无人员和牲畜伤亡。

◉ 村落社区

东店自然村 位于村域东部，东与小花园接壤，南界京秦铁路，西与陶家湾毗邻，北隔通惠河与花园闸相望。自然村域面积 0.26 平方千米，其中聚落面积 0.03 平方千米，耕地 321 亩。20 世纪 80 年代，有 140 户 370 人，其中非农业人口 40 人，均为汉族。地势南高北低，海拔在 27~33 米。通惠河由西向东流经村北，通惠干渠横贯村中部，村西北有水塘 21 亩，有电井 1 眼。村落为集团型，沿通惠干渠南北两侧呈带状分布。村中原有清代黑龙江将军恭镗墓。村内一条横向水泥路，东通小花园，西通高碑店自然村。村东一条纵向道路穿过京承铁路线，与高碑店污水处理厂一条横向沥青路相交。

高碑店自然村　位于乡域中部，为村委会驻地。东与陶家湾居民区毗连，南邻半壁店，西与高西店、西洼接壤，北隔通惠河与兴隆庄相望。自然村域面积 0.78 平方千米，其中聚落面积 0.29 平方千米，耕地 738 亩。20 世纪 80 年代，有 1907 户 4147 人，其中非农业人口 2436 人。汉族居多，另有满族、回族 8 人。地势西南高，东北低，海拔 30~33 米。土壤以潮褐土为主，耕层土质肥沃，另有盐碱地 214 亩。通惠河由西向东流经村北，村东北为通惠干渠，有扬水站 2 座、机井 2 眼。有用材林地 8 亩。村落为集团型，呈方形布局。村内有小学，在校生 850 人，教职工 61 人。另设有合作医疗卫生所和幼儿园。高碑店路纵穿村中部，北与建国路相交，南与王四营路相交，公交 363 路途经此路。村内多条横向街巷与高碑店路相通。

高碑店村委会

田家洼自然村 位于村域南部，东靠北花园，南与小郊亭接壤，西邻方家村，北与陶家湾毗连。自然村域面积 0.14 平方千米，其中聚落面积 0.02 平方千米，耕地 150 亩。地势低洼，聚落海拔 30 米。土壤以潮褐土为主，排水不良，耕层土质肥力中等。20 世纪 80 年代，有 140 户 187 人，全部为农业人口，均为汉族。成村初期田姓居多，又因地势低洼，村名遂以姓氏和微地貌命名。村北有通惠干渠，村南有半壁店明沟，村东南是 30 亩水塘和高碑店污水处理厂。村落为集团型，呈横向长方形布局。村南有一条横向沥青道路，西与高碑店路相交，东通污水处理厂，村中一条纵向道路与其相交。村西另一条纵向土路，北通高碑店路。1989 年因拆迁，田家洼自然村合并至其他自然村。

2006 年起，根据朝社批字〔2005〕10 号文件精神，合并自然村，高碑店村先后成立 4 个社区。

高碑店东社区 位于高碑店村东部，紧邻通惠河南岸，东临北花园小区，南傍京秦铁路，西临高碑店中心路，北依京通快速路。社区面积 1.79 平方千米，有平房院落 210 个，新村住宅楼 637 套，楼房 11 栋，简易楼 9 栋，属农居混合社区。2015 年，社区居民户籍人口 3547 人（男 1714 人、女 1833 人），多为汉族，有满族 73 人、回

东社区旧貌

东社区新貌

族 16 人、蒙古族 6 人、鄂温克族 3 人。居民是原高碑店生产大队第三、四、五队农民，随着农转居人员数量的增加，现社区农业户籍人口 427 人。流动人口 2929 人，多为汉族，另有蒙古族 11 人、满族 6 人、回族 4 人、仡佬族 2 人、壮族 1 人、侗族 1 人、土家族 1 人、黎族 1 人、朝鲜族 1 人。社区有大小企业、商户 400 余家，另有北京市第十七中学陶家湾校区、高碑店派出所、高碑店社区卫生服务中心及高碑店古典家具一条街（古街社区成立后，将其划入）。

高碑店西社区 位于高碑店村西部，东至高碑店中心路，南至京秦铁路，西至半壁店西店，北至京通快速路。属于典型的农居混合社区，也是新农村试点社区，辖区面积 0.255 平方千米。社区民居多为三层仿古建筑，形成一层、二层底商，三层居民自住，商住两用住宅模式。分为新村一区、二区、十七中南三大板块，2016 年有 700 栋居民楼，常住 3296 户，总人口 5273 人，其中户籍人口 2078 人（男 1014 人、女 1064 人）。122 个姓氏，其中张、刘、李、王、于、赵、周姓为主要姓氏，以汉族为主，有回族、满族 44 人。设有党员干部联系人 18 人，片组长 55 人，户“参谋长”1356 人。社区物业单位 1 个，社区便民店 20 个，“一刻钟”便民服务商 8 个。设有党员活动室、文化活动室、百姓图书室、日间照料室，以及村史博物馆等公益活动场所。

西社区旧貌

西社区新居（一）

西社区老胡同

西社区新居（二）

西社区老停车场

西社区改造后的停车场

位于西社区的村史博物馆

文化园社区 位于高碑店村南端，东邻五环路，南邻两广路，西邻半壁店小郊亭，北至京秦铁路。社区面积 0.13 平方千米，建筑面积 80 余万平方米。2014 年，常住人口 3582 人，流动人口 1528 人。其中，南里有居民 88 户，残疾人 5 人、大病患者 4 人、空巢老人 2 人。社区绿化面积 40 余万平方米，绿化面积达 80%，环境优差，绿树成荫。社区有集贸市场 1 个，幼儿园 1 个，垃圾周转站 1 个，健身场所 2 处，健身器材 38 件，乒乓球桌 2 个，公寓 10 余栋，免费停车场 2 个。社区有文体活动队 4 支：广场舞队、交谊舞队、合唱团、篮球队；志愿者队伍 4 支：义务巡逻队、帮困助老服务队、环境保护志愿队、美丽社区志愿者队伍。高碑店国粹艺术街是社区重点打造的高端文化产业群聚集地，街区长 700 米，建筑面积 38.6 万平方米。全街采用中国明清古典建筑风格，古朴典雅，别具特色。辖区有企业、商户 400 余家，其中市属单位 2 家，博物馆、画院等艺术机构 10 余家，是典型的文化艺术型社区。

高碑店古街社区 位于高碑店村中部，东至五环路，南至京哈铁路，西至高碑店中心路，北至通惠灌渠。社区于 2016 年 6 月获得批复，10 月 21 日正式成立，是高碑店地区最年轻的社区，属于企业、居民混合型社区。辖区面积 0.6548 平方千米，分为古典家具文化产业区、年轮记忆民俗旅游接待区和居民区。其中，有古典家具文化产业区——古典家具一条街，是高碑店经济发展的龙头产业，2006 年被北京市商务委员会命名为北京市第六条特色商业街，有经营古典家具的商户 400 余家，经营面积达 20 万平方米，从业人员 2000 多人，云集国内几十个省市的工匠，产品已远销欧美、东南亚等几十个国家和地区，形成古典家具特色品牌。2016 年，辖区有常住人口 4031 人，其中户籍人

古街社区

口 900 户 1799 人，流动人口 2232 人。随着高碑店新村建设统一规划，大部分村民居住在高碑店东社区，出现人户分离的情况。辖区有物业公司 1 个，幼儿园 1 个，便民菜市场 1 个，社区之家示范点（高碑店中国民间艺术体验馆）1 个，设有党员活动室、大众图书室、居民议事厅、文化活动室等公益活动场所。

◉ 人口姓氏

人口来源 由于通惠河的缘故，高碑店村历来不乏流动人口。根据明嘉靖年间史料记载平津闸驳船情况，可推算高碑店村当时常年聚集有数千流动人口，包括管理漕运的官员、商人、搬运工人，以及流民、民间教派信徒等。另一方面，作为京东官道上的重要一站，高碑店村也是官吏、差役、商旅往来休憩的地方。因此，高碑店村从建村开始，人口结构就不是纯粹的农业人口，且有较多的外来人口。

清光绪二十六年（1900），漕运停止后，高碑店村民开始以养鱼、卖鱼为生，原有的各种商铺继续存在，本地农业人口占优势。

人口构成 2006 年调查显示，高碑店村有常住户籍人口约 6000 人，外来人口 8000 多人。户籍人口中有相当一部分在其他地方工作或居住，多数年轻人白天到其他地方上班，晚上或休息日回村居住。8000 余名流动人口主要集中在文化艺术类产业商户。全村有商户 2200 余家，每家雇员规模不等，有的 3~4 人，有的 50 人以上。

截至 2016 年 12 月，高碑店村有住户 3415 户，总人口 5981 人，其中男 2916 人、女 3065 人，由汉族、回族、蒙古族、满族、鄂温克族等民族组成。古时村民主要来源于山东、山西等地。

姓氏 高碑店村主要姓氏有张、刘、陈、周、赵等姓氏。

人口姓氏统计表

表 1　　　　单位：人

姓氏	人口	姓氏	人口	姓氏	人口
艾	1	薄	2	布	2
安	9	毕	4	蔡	8
巴	1	边	5	曹	36
白	32	卞	1	曾	3
常	7	苟	5	巨	1

续表 1

姓氏	人口	姓氏	人口	姓氏	人口
陈	336	古	1	康	4
程	5	谷	3	孔	12
迟	1	顾	61	寇	5
崇	3	关	2	兰	1
仇	2	郭	63	郎	3
储	1	国	2	雷	2
褚	37	果	8	黎	2
揣	1	哈	1	李	405
崔	29	海	2	连	3
存	1	韩	44	廉	2
戴	1	郝	8	练	1
单	3	何	31	梁	24
党	1	贺	5	林	45
邓	10	衡	5	蔺	4
邸	1	洪	1	凌	2
刁	3	侯	16	刘	508
丁	18	呼	3	柳	2
董	19	胡	36	娄	3
窦	1	户	1	卢	48
堵	1	华	3	芦	30
杜	24	黄	19	鲁	6
段	4	霍	2	陆	4
恩	25	姬	3	路	3
樊	2	纪	1	栾	2
范	11	季	1	罗	5
方	6	冀	4	骆	3
冯	41	贾	48	吕	39
付	18	江	1	麻	5
盖	1	姜	10	马	113
甘	1	蒋	4	毛	11
高	94	焦	11	么	1
葛	3	解	11	孟	50
耿	1	金	27	米	1
龚	4	靳	2	苗	2
巩	1	景	2	明	1
莫	1	商	4	席	5

续表 1

姓氏	人口	姓氏	人口	姓氏	人口
牟	2	尚	6	夏	2
母	1	邵	5	线	1
穆	10	佘	2	缐	30
倪	2	申	6	项	1
聂	3	沈	8	肖	30
牛	5	绳	1	谢	8
潘	14	盛	3	辛	5
庞	3	师	1	邢	12
胖	2	施	1	熊	1
裴	1	石	20	徐	102
彭	42	时	3	许	21
邳	1	史	25	薛	9
皮	12	司	19	寻	1
戚	1	宋	25	闫	2
齐	8	苏	11	严	3
祁	9	隋	1	阎	2
钱	2	孙	71	颜	1
强	5	谈	2	晏	8
乔	7	谭	9	杨	131
秦	50	唐	13	姚	13
邱	1	陶	1	叶	2
屈	1	提	1	殷	4
渠	1	田	129	尹	6
曲	1	屠	1	应	2
权	1	汪	5	有	3
全	2	王	494	于	118
任	28	韦	3	余	32
荣	2	隗	2	俞	1
茹	1	魏	67	玉	1
芮	2	温	12	袁	18
瑞	3	文	2	岳	10
桑	11	闻	1	臧	2
沙	1	吴	55	翟	5
山	23	武	9	詹	1
张	849	志	2	庄	2

续表 1

姓氏	人口	姓氏	人口	姓氏	人口
章	1	钟	5	宗	5
赵	224	仲	1	邹	1
甄	1	周	320	左	9
郑	36	朱	33	佐	1
合计	5981				

说明：表内姓氏按拼音顺序排列

◉ 基础设施

道路交通

高碑店村域交通便利。铁路贯通，市、区级公路密布全村。1981 年电气化改造后的京包铁路，以及 1982 年全线通车的大秦电气化铁路，纵穿村域西部。2003 年 12 月 27 日全线开通的北京地铁八通线途经村北。1995 年年底建成的京通快速路，东西横贯村域全境。高碑店路和高碑店北路纵穿村域中部。各街巷均有沥青路、水泥路相通。全村公路总长 18 千米，公路网密度较大，有公共电、汽车与外界相通。

高碑店古街东桥 位于五环路东侧，2016 年 5 月建成，钢筋混凝土结构，长 34 米，宽 9 米，高 4.5 米，总投资 3000 万元。

高碑店古街西桥 位于高碑店路，2014 年建成，钢筋混凝土结构，长 41 米，宽 35 米，高 4 米，总投资 2200 万元。

高碑店中心路

高碑店古街西桥

高碑店老街大道

高碑店西街大道

高碑店老街大道 位于高碑店路，2015 年建成，柏油路面 ，长 1080 米，宽 12 米，建设资金 8900 万元。

高碑店东街大道 位于村东社区，正在建设中，柏油路面，长 1500 米，宽 14 米。

高碑店西街大道 位于新建的西社区，2012 年建成，柏油路面，长 400 米，宽 12 米，使用资金 144 万元。

高碑店滨河大道 位于西社区通惠河南岸，2009 年建成，柏油路面 ，长 420 米，宽 15 米，建设资金 189 万元。

供水 历史上，高碑店村村民生活用水主要来自地下井水。全村有生活用水水井达 10 眼之多，其中高碑店小学校娘娘庙井、十七中西庙井、吴世英家附近井、小学校操场后边井等水井，已有几百年的历史。20 世纪 60 年代前，取水主要靠人工提水。60 年代起，压水机代替人工提水。1972 年，在第五生产队试点安装压力罐（通过提水机将井水提取到压力罐中加压，然后通过压力自动将水传送到用户），使用自来水。1973 年，王德、刘钢主持修建水塔。1974 年，全村开始用上自备井自来水。2010 年，西社区旧村改造，接入市政用水。农业用水以浇灌林地、草地为主，主要使用高碑店污水处理厂提供的中水浇灌。

供电 高碑店村地处近郊，较早接入市政用电。1962 年 12 月，大队部首先接通照明用电。1963 年，全村接通电力照明用电。2014 年，进行用电改造工程，改造涉及 5 栋居民楼、600 余户，解决小区长期超负荷用电及设备严重老化问题。

供气供热 高碑店村旧时用柴草做饭、取暖，煤炭普及后取代柴草。20 世纪 70 年代，个别村民家安装土暖气。1980 年，部分村民使用液化气。1987 年，普及液化气。2009 年，西社区建成后接入市政天然气管道。2010 年，西社区开始使用天然气。2014 年，“送气下乡”惠民工程为高碑店村 519 户办理补贴，解决农村地区住户炊事气化（使用液化石油气）供应问题。每瓶液化气可为用户节省50元，每户每年核定供气量为8瓶。

◉ 发展概况

党务、村务建设 21世纪以后，在领导班子队伍建设上，村党总支提出“谋事不争权、工作不旁观、补台不拆台、团结加实干、事业有后劲”工作标准，对全体干部按照“定职、定责、定岗、定薪”的“四定”要求，实行按季百分考核。在村级决策上，村党总支确立并坚持“两委”班子联席会、老干部老党员监督协调会、党员议事委员会、群众民主评议委员会、村民质询委员会的“五委决策”程序。凡是全村重大问题、重大开支等问题，须坚持决策过程透明、大项开支透明、工作结果透明的“三透明”村级管理制度；凡是村级事务，须坚持民主决策流程“七步法”，保证每一位村民都能够按程序参与全村事务，让村级民主管理接受阳光“透视”；在引导党员发挥作用上，村党总支严格落实党员联系户制度，村民人手一张“党员干部连心卡”，大事小情随时联系；全村党员按照“九上门”要求，设岗定责，随时为村民提供服务，做到“党员人人有岗位、个个岗位有作为”。

在党风廉政建设上，村党总支制定《高碑店村关于重大工程项目监督管理暂行办法》，工程项目监督管理做到程序化和规范化，“有权不乱使，管钱不乱花”，从支部到党员，层层签订党风廉政责任书，提高党员自律意识和监督意识。同时，高碑店村还成立老干部协会、和事佬民生公议协会、民艺文体协会等，实行协会式自治管理制度，强化村民的自我服务和自我管理意识，使村民真正成为建设家园的主人。

在农村集体建设中，高碑店村定期进行村务、财务、政务的公开，5000元以上的开支都要开会讨论。村民关注的通惠灌渠治理工作，党总支、村委会将每一笔开支都向村民进行公示，激发村民参与村庄建设热情，也用实际行动打消村民的疑虑。在高碑店，所有重大决策必须经过党总支、村委会、老干部协会、全体党员和村民代表充分讨论之后才能实施。这种民主决策制度，让村民具有主人翁意识，也拉近党总支与群众的距离。

截至2012年年初，高碑店村党总支有党员317名，下设13个党支部。有党员示范店5家，党员示范岗10个。落实党员联系户工作，做到大事小情随时联系，全村152

名无职业党员从事治安巡逻、舆情信息、为老服务等志愿服务。2010年党总支换届选举，9名委员以平均98.9%得票率当选，其中委员支芬赞成票为100%。在直选党总支书记的过程中，9名新当选的总支委员作为候选人，支芬以100%的赞成票当选书记。

经济建设 1949年10月，十三区土改工作组在高碑店村试点。土地分配给农民后，每年除交售部分公粮外，剩余粮食归自己所有。高碑店村土地改革于12月25日基本完成。

1950年春始，农民按照自愿互利的原则，组织起互助组，开始农业合作化。1954年完成初级农业合作社组建，成立供销合作社，人均入股2元。初级农业合作社期间，年终在完成农业税和少量公共积累后再确定分配总额，各农户依土地股和劳动量多少参加分配。1955年，高碑店村三次突破党支部的计划指标，全村农业合作化出现新高潮。1956年合并初级社，转为高级农业合作社，进行农业社会主义改造。

1958年，出现高指标、瞎指挥、浮夸风、“共产风”，超越农业发展能力，挫伤农民生产积极性。1959—1961年三年困难时期，全村农业生产损失较大。1961年后，贯彻中央对国民经济实行的“调整、巩固、充实、提高”方针和《农村人民公社工作条

20世纪70年代村民在合作社购物

例》(简称《六十条》),农业生产得到恢复和发展。“文化大革命”期间,农业生产仍有所发展。1970 年后,村组建砖厂,同北京玉器厂合作新建玉器加工厂,进行来料加工。20 世纪 80 年代以后,村又成立草酸厂、混凝土外掺剂厂、电镀磨光厂、表壳厂、医疗器械加工厂、粮油机械加工厂。

中共十一届三中全会以后,高碑店村贯彻改革、开放、搞活方针,实行各种形式联产承包责任制,推广农业生产专业化和适度规模经营,使农业开始向专业化、商品化、现代化发展。1983 年后,高碑店村耕地逐步被京沈铁路、京通快速路、五环路、华能电厂、北京市高碑店污水处理厂、高压线路等重点工程征占。

1990 年朝阳区政府对全区农业区进行调整,高碑店村被划分为城乡服务绿化保留菜田区。城乡建设速度加快,土地资源继续减少,全村有农民和转居自谋职业者 1592 人,人均占有土地仅 0.05 亩。高碑店村被确定为城市过渡区,农田小而分散,重点发展第三产业,促进农业和第三产业紧密结合。农民收入以现金、粮食、实物为主,1995 年人均现金分配 4250 元。

到 2010 年,高碑店村初步形成古典家具街、民俗文化园、国际中医药港“三足鼎立”的产业发展格局。

高碑店村民打鱼用的船、网

社会建设 2002年，高碑店村众多失去土地的村民没有收入来源，成为当时北京市有名的上访村。针对这种情况，高碑店村建立失业人员资料库，对45岁以下村民进行工作技能培训，并成立八大专业队解决了424人的就业问题。此外，村党总支在与外来企业签订合同中规定，凡在本村开办企业，要招聘一定数量的本村村民。高碑店村利用辖区企业的优势，开发岗位，帮助群众实现就近就业，仅2011年安置就业人员130余人。2011年，村委会出资10. 14万元为741位村民缴纳农村大病统筹合作医疗保险，为农民负担保险费84.5万元，解决村民后顾之忧。2011年“两节”慰问、节日走访及老人福利，发放慰问金103万元；对9户大病患者家庭进行一次性慰问，发放慰问金2.8万元。全体村民参与各项捐款活动，筹集善款67660元。持有村爱心超市卡的村民28人，全年区捐赠中心捐赠4万元。惠民政策的落实，百姓就医、养老等困难得到初步解决。

高碑店村在整体布局上达到聚集不稠密，分散有秩序。天然气、自来水、电等市政设施引进，让村民过上门前不用储存杂物，冬天不用燃煤取暖的生活，改善村民的居住环境和质量。高碑店村实现了“人不离村可上楼，足不出户可致富”的愿望。

高碑店村从2007年开始实行“美丽乡村十星级和谐文明户”评选活动，每户门前悬挂评比公示牌，评比内容包括家庭和睦、邻里团结、门前及院内环境卫生等10项内容，每季一评，年终总评。受家庭文化熏陶村里考上大学的人数稳步上升，且升入名牌大学的比例逐年提高。

文化建设 依托文化产业的发展和浓郁的民俗文化氛围，第七届北京国际旅游文化节、华夏民俗文化节、端午民俗节、中元河灯节等在高碑店村举办，村先后承办了第七届朝阳国际风情节暨使节夫人活动日、第八届北京国际旅游文化节、第十届北京国际旅游文化节、北京CBD“龙舟竞渡”等重大文化活动。高碑店村通过承办文化活动、建立协会团体等系列举措加强文化建设。为继续发展文化艺术村特色，2015年8月15—20日，高碑店村举办“翰墨寄情中国梦、文化引领新农村”北京高碑店首届中国书画艺术节。

生态建设 2003年，高碑店村委会提出“以绿制脏”环境治理方案，开展一系列基础设施建设和环境治理活动。村内加大环境治理力度，所有道路全部硬化，空地绿化、美化，完成封闭式垃圾屋、水冲式厕所改造升级。基础设施完善后，彻底清理堆物堆料。制定“定时定点倒垃圾”等长效管理制度，规定每天早8点之前和晚6点之后为倒垃圾时间，早上 9 点之前完成所有垃圾清运工作，日间 12 小时保洁人员随时维护。实现垃圾日产日清、随时保持干净整洁的目标。

2003 年 12 月，全村进行“千人大会战”治理灌渠。整个通惠灌渠治理工程历时 100 天，拆违 3000 平方米，投入资金 1021 万元，出动人工 2000 余人次，车辆 180 台次，清理垃圾 1 万余吨。治理后的灌渠两岸成为占地 4000 余平方米的通惠灌渠休闲带，“水乡茶楼一条街”工程正式启动，古典家具、餐饮等企业、商户入驻，原来垃圾成山的灌渠两岸现已成为休闲娱乐中心。高碑店村卫生环境干净整洁，绿化面积 962 亩。

千年漕运古村

郭守敬设计修建通惠河，京杭大运河得到延伸，成为元、明、清代都城的漕运航道，皇粮、宫廷用品源源不断地运送至皇城。同时，也为古村高碑店带来无限的生机和活力，漕运、漕运码头深深地影响着高碑店村一代又一代人的生活。

高居『皇道』，碑写千年，店贾万家，村富民康。沿河而居的高碑店村人，祖祖辈辈见证漕运兴衰，传承漕运文化。

◉ 通惠河

通惠河 通惠河位于高碑店村北，是元代科学家郭守敬主持修建的一条人工运河。通惠河流经高碑店村河段长 2300 米，西起高碑店村西社区，东至五环路，是京杭大运河末段河道，也是元、明、清代都城的经济命脉，在京杭漕运体系中有着重要的地位。

漕运码头和皇粮商品集散地 通惠河是古代漕运河道，高碑店村从元、明时期起就是商贾云集的漕运码头。通惠河全长 82 千米，分为三段。第一段从昌平白浮村神山泉至瓮山泊（今颐和园昆明湖），称为白浮堰。这一段是把神山泉等清水注入瓮山泊。第二段是从瓮山泊至积水潭（今什刹海）。这一段

清代高碑店商贾云集的漕运码头

通惠河

河道，元代称为高梁河，主要作用是导引玉泉山泉水和瓮山泊之水流入积水潭。第三段是通惠河的主要干线，它从积水潭起至通州，行船漕运主要集中在这段河道。为节制水流、便于行船，通惠河的主要干线上修建系列水闸。水闸从西向东依次为广源、西城、朝宗、海子、文明、魏村、籍东、郊亭、杨尹、通州、河门，共 11 个闸名 24 座闸。据《元史》记载，其中一些闸名在元元贞元年（1295）曾改名，“其西城闸改名会川，海子闸改名澄清，文明闸仍用旧名，魏村闸改名惠河，籍东闸改名庆丰，郊亭闸改名平津，通州闸改名通流，河门闸改名庆利，杨尹闸改名溥济”。每个闸口都有装卸货物码头，称为漕运码头。高碑店村则是平津闸的漕运码头，是当时除积水潭码头外最繁华的码头。南来的商船都停泊在这里，皇粮、宫廷用品都在此过闸转运至京城，是重要的货物集散地。元、明时期商贸聚集，渐成集镇。为了管理漕运和码头，元代通惠河各闸设有公馆、闸官、闸吏、役夫。通惠河每闸有驳船 60 条，闸夫 100 名。后因通惠河水量不足，运粮船不能直达京城，要分段递运，使漕运成本增加。明嘉靖

漕运情景模型（一）

漕运情景模型（二）

年间（1522—1566），吴仲主持对通惠河重新清疏，在通惠河上设五处闸门，东便门外大通桥为头闸，庆丰闸为二闸，高碑店（平津上闸）为三闸，花园（平津下闸）为四闸，普济闸为五闸。粮船只能在闸与闸之间行舟，粮船到闸口，不能过闸，每至闸门都要人工搬运粮食，先后由人工搬运五次才能抵京。平津闸继续承担着漕运码头和集散地作用，凡是进京皇粮和物资都要经过高碑店的平津码头存放和周转，最终进入皇仓。明、清两代在二闸口设官执掌，置君粮户 24 家，专司漕运，每户配一条 8.4 丈运粮官船，每船每次载 295 石粮，由驴拉纤，直到清光绪二十六年（1900）漕运停止。

元代设计修建　元至元年间（1264—1294），郭守敬曾尝试引玉泉水接济漕运，水量不足，未能成功。其后又重开金口河，引永定河水为水源，因水势迅猛，水性混浊，难以驾控。最后，郭守敬勘察大都周边水源，发现西北白浮泉水水量充沛，就设计一条渠道引白浮泉水，西折南转，汇玉泉、一亩泉诸水于瓮山泊，后经高梁河注入积水潭，再由积水潭东南口引水，经金时旧闸河，东至通州高丽庄入潞河。《元史·郭守敬传》对此有详细描述："守敬因陈水利十有一事。其一，大都运粮河，不用一亩泉旧源，别引北山白浮泉水，西折而南，经瓮山泊，自西水门入城，环汇于积水潭，复东折而南，出南水门，合入旧运粮河。每十里置一闸，比至通州。"据此可知郭守敬开凿运粮河的全过程。运粮河开凿后，由江南驶来的漕运船可沿河道直抵大都城内的积水潭。《元史》载："（至元）三十年，帝还自上都，过积水潭，见舳舻蔽水，大悦，名曰通惠河，赐守

方志新油画作品《漕运码头》

敬钞万二千五百贯，仍以旧职兼提调通惠河漕运事。”通惠河由此载入史册。郭守敬在修建通惠河时，为使漕运船只逆水而上，直达都城，曾在河道上设计建造 11 级 24 道闸门，分级提高水位，直到积水潭。至元三十年（1293），通惠河建成时，高碑店村位置所在的闸名为郊亭闸。元贞元年（1295）木闸改建为石闸，更名平津闸（分上、中、下三闸），上闸闸基长 40 米，宽 50 米，高 5 米。平

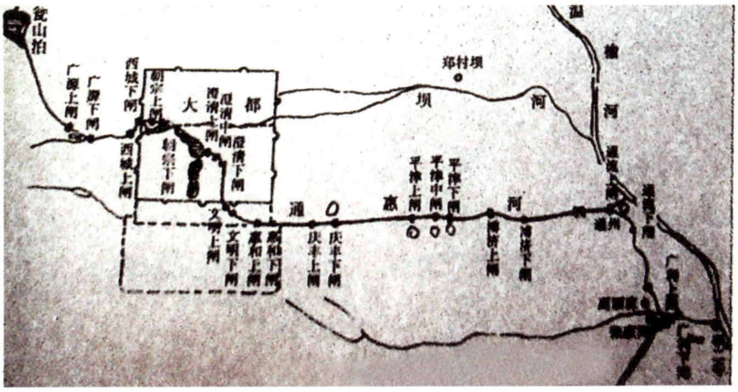

元代通惠河上诸闸位置示意图

津闸是元、明、清三代十分繁忙的漕运场所和皇粮集散地。官方在该闸设官吏管辖，有定额编夫船户。现存的平津上闸，是唯一一座大运河通惠河段保存下来的元代漕运古船闸遗址。

通惠河的开通标志着京杭运河全线贯通，使江南货物通过水运直达大都城，为元朝节省了巨额运输开支，也为其统治管理南方提供便利。便捷的漕运使南北物资交流频繁，促进了大都商业的繁荣。

明嘉靖《通惠河志》中的平津上闸图

明朝重修河道 明朝建立后，由于扩建城墙，通惠河上游玉河段被圈入皇城内，漕运船只不能再驶入积水潭，只能到达东便门外的大通桥，大通桥成了通惠河新终点。后来由于积水潭上游白浮泉引水渠断流，通惠河水源逐渐不足，河道渐渐淤塞，由江南运输来的物资只能运抵通州，再

平津闸

由陆路运至京城。明嘉靖七年（1528），因修建大量皇家坛庙，在巡仓御史吴仲主持下，再次疏通通惠河。吴仲按照郭守敬的引水路线成功疏通。据其所著《通惠河志》载："寻元人故迹，以凿以疏，导神仙、马眼二泉，决榆、沙二河之脉，汇一亩众泉而为七里泊（瓮山泊），东贯都城。由大通桥下直至通州高丽庄与白河通。凡一百六十里，为闸二十有四。"吴仲增建闸坝，其中就有今高碑店村所在的平津闸。吴仲浚河，放弃通州城北转向张家湾的旧河道，使通惠河河道直接在通州北关和北运河相通。疏浚后，通惠河重新通航，漕运船只又可直抵京城。

清朝停止漕运 清朝时，通惠河一直发挥着漕运功能，尤其在康熙至乾隆时期漕运非常兴盛，河道商船往来频繁，两岸码头货物转运繁忙，酒楼林立，一派繁荣景象。清朝末年，政权垂危，漕政腐败，京杭运河漕运也每况愈下。加上商品经济的发展，清政府改征粮为征色银，不再需要漕粮运输。由于铁路、海运蓬勃发展，开始代替京杭运河的漕运功能。光绪二十六年（1900），京杭运河漕运完全退出历史舞台，通惠河的漕运历史也画上了句号。

新中国整治河道 民国年间虽多次规划恢复京津航线，由于政局混乱，国力微弱，

最终也未能实施，通惠河道则成为京城东部的排水河道。中华人民共和国成立后，为改善其排水泄洪能力，曾对河道多次疏浚，修建堤岸。20 世纪 70 年代北京城市建设步伐加快，但疏于对环境管理，通惠河渐渐成为城市排污河道，垃圾堆积，鱼虾绝迹。21 世纪初，北京市政府开始治理通惠河，新建高碑店污水处理厂，堵截各种污水进入河道，修建沿河绿地公园，通惠河的环境得到彻底改善。

◉ 漕运庙会

清末民国初，高碑店村民的文化活动主要集中在赶历年传承的龙王庙、关帝庙、朝阳庵、五圣祠和娘娘庙五大庙会，因这些庙会都集中在漕运码头附近，故统称为漕运庙会。在赶庙会中，尤其以每年五月初一到初五的娘娘庙庙会最为热闹。

高碑店的娘娘庙是最有名的庙宇。娘娘庙每逢初一、十五开庙，接纳四方香客。这里的娘娘在人们心中颇为“灵验”。人们遇有病灾，或有什么愿望，都会到娘娘庙去许愿。每月开庙日，众多善男信女到娘娘庙烧香拜神、祈求平安。

五月初一时，娘娘庙的和尚和村长会在庙里上香请娘娘，等到清晨开庙门，谁要抢到头炷香，就会获得娘娘更多的佑护。在娘娘“当值”庙会时，有“拜香”的香客主动到庙会茶棚拿着会旗，托着茶盘，准备茶壶、茶碗，为许愿的人献茶。茶可解人之渴，为来往香客解忧，茶品全部免费。香客喝茶必须喝干净，不许倒茶，不许泼茶。“拜香”的香客磕头、许愿后会主动给香钱，把钱往香桌上的笸箩里扔，或放到有耳口的木箱里。如果愿望实现，来年庙会时，香客就会到庙会为娘娘服务。

娘娘庙庙会的高潮是五月初六为娘娘送驾。“送驾”是指把三位“当值的”娘娘送走。村长是“送驾”仪式的组织者。“送驾”开始，先由村长到庙里烧香，然后捧“疏”出庙，后面紧跟着和尚与吹鼓手以及长长的送驾队伍。队伍走到村东口栅栏门外，就意味着将娘娘送出村了。村长手中的“疏”是黄表纸叠成的，下面铺着黄布，托在盘子里。村长走到村东口的栅栏门外，要将“疏”烧掉，标志着娘娘庙庙会结束。

每年五月初一开庙时，信徒如织，香火旺盛，各方买卖人聚集于此，娘娘庙庙会也发挥着集市的作用。娘娘庙庙会的影响也超越了村落的界限，成为区域中心的集市。

从清末到民国，高碑店村的娘娘庙庙会始终未中断过。日本侵华战争时期，战乱频发，世道不安，渔行不景气，庙会也颇为冷清，做买卖的人稀稀落落，完全没有集市热闹的情景。

抗日战争胜利后，往昔庙会盛况逐步得到恢复。1946—1948 年，举办三届庙会。那几年渔行生意有所回暖，收成也有所好转，高碑店村人又恢复了高跷会，用高跷会为娘娘送驾。但那时庙会时常发生争斗，秩序较为混乱。

中华人民共和国成立之初，娘娘庙庙会举办过几届。但“文化大革命”期间随着神像被毁、娘娘庙被拆，庙会也被取消。娘娘庙被拆后，“文化大革命”期间，在其遗址上建起高碑店小学。改革开放后，修建漕运文化广场，重建龙王庙、将军庙等庙宇，漕运庙会得到恢复，传统文化项目得以传承。

升漕旗　漕运维系着一代又一代王朝，护佑过数百年的国计民生，传递过大运河文化的绚丽薪火。高碑店村漕运庙会升漕旗仪式，代表着高碑店村人对历史文化的传承和期待。

升漕灯　漕灯是通惠河漕运闸关特设在闸口，夜晚为漕船指示方向、引导行船的航标灯具。数百年间，漕灯曾每天在日落黄昏时升起，一串殷红的漕灯透过夜幕向漕船指示着闸关的方位，传递着祈福安全的信息。漕船在此调整航向，顺利驶向京城或返回故乡。如今的高碑店庙会上保留了升漕灯这一项目。

升漕灯

升漕旗

高跷秧歌 踩高跷源于古代先民的生存、劳作，他们把木棍缚踏足下，采集树上的野果和高处的作物。春秋时期，踩高跷已演变为一种民间表演艺术。高跷表演时有小头行（蝎子精）、大头行（蜈蚣）、武扇（鹿精）、文扇（狐狸精）、两个打锣的（蝴蝶精）、两个打鼓的（蛐蛐精）、渔翁（白石精）、樵夫（青石精）、后兰（鲤鱼精）、膏药（王八精）12个传统角色。高碑店高跷秧歌以村庄历史悠久、河泽密布的生态环境、文化生活为源泉，创造性增添了两个新角色：老太太（鲶鱼精）和花子（嘎鱼精）。表演时生、旦、净、末、丑，角色齐全，文武兼备。既有轻盈优雅的舞姿，诙谐逗乐的情节，也有刚强粗犷的力度，更有惊险过人的绝活，历来是庙会上的精彩传统节目。高碑店村高跷老会，每年都为漕运庙会助兴表演。

威风锣鼓 源于尧舜时期的大型祭祀和战争助威，是中国流传广泛、具有民族特色的民间表演艺术之一。高碑店威风锣鼓以大中型锣、鼓、钹等打击乐器合奏，鼓乐手头戴金盔、身穿黄衣、腰系红绸、脚蹬云靴。在乐旗号令手指挥下，队形如战场对阵，身姿如将士出征，鼓乐震天动地。每年漕运庙会，都会有高碑店威风锣鼓助兴表演。

腰鼓 传说秦汉时期驻守万里长城的士卒用鼓警示敌方，战斗时以鼓壮军威，胜

踩高跷

威风锣鼓

腰鼓

利时击鼓庆贺。在民间，战鼓则演变为筒状牛皮或羊皮腰鼓，人们在节庆庙会中系腰鼓披彩绸击鼓起舞。表演有“十字步”“三步一停”“四步一望”“金鸡啄米”等动作程式或即兴表演。高碑店腰鼓队，是每年漕运庙会不可缺少的表演力量。

画像　源于古代民间，有一般绘画技能的画匠逢年过节在庙会、集市上为人画像。庙会上大姑娘、小媳妇穿新衣，扮好相，大多愿意画张像留念。即便进入数码影像时代，仍有人对传统的画像情有独钟。

吹糖人　用黄米糟、熟麦芽糖加热吹制人形、动物、果品等物品，是远古先人制作的祭祀物品，后来在民间广泛流传。艺人熟练地把糖稀捏成空心后插进吹管，趁热顺势吹拉捏转，做成各式各样既可观赏又能食用的糖人、动物，最受孩子们喜爱。由于原料、题材、制作的限制，吹糖人始终保持着原始状态，在庙会比较常见。

画像

吹糖人（一）

吹糖人（二）

小车会

买年货（一）

小车会 又叫云车会或太平会，盛于唐代，是民间花会主要会档之一，表演以小车为主要道具，车夫、娘娘、公子哥、媒婆、济公、罗锅、瞎子、丑妞、顽童等，合着欢快的唢呐锣鼓翩翩起舞，走平路、弯路、泥路，体态滑稽可笑，诙谐中透着秀美。高碑店村小车会，在漕运庙会深受游客欢迎。

买年货 老北京有一首民谣："糖瓜祭灶，新年来到；姑娘要花，小子要炮；老头儿要顶新毡帽，老太太要件新棉袄。"生动描写了旧时人们过年的心情和买年货的情景。漕运庙会上春联福字、吉祥年画、日用百货、服装玩具、时令水果、干果食品、传统小吃、图书音像、旅游纪念品和各地土特产等年货，琳琅满目。

买年货（二）

扭秧歌

冰糖葫芦

冰糖葫芦　是老北京特色民间传统小吃。民间传统的冰糖葫芦多用山楂、荸荠 、山药串蘸冰糖制成。现在，香蕉、木瓜、哈密瓜、圣女果等都可成为制作冰糖葫芦的果料。冰糖葫芦晶莹剔透、酸甜香脆、老少皆宜，在庙会上总是招人喜爱。

扭秧歌　主要流行于中国北方地区，是具有代表性的民间传统娱乐形式。庙会上，扭秧歌的人们扮成货郎、渔夫、田公、公子、拉花妹等，手舞花扇、手帕和彩绸，载歌载舞欢天喜地，尽情抒发幸福愉悦的心情。

猜灯谜

书春

猜灯谜 猜灯谜源于春秋时期的“隐语”，是人们使用隐喻的方法，巧妙地运用汉字的形、意、音寓指破译对象的猜度游戏。从唐代起流行于宫廷和民间。元宵之夜，漕运礼俗堂里有数百条中、英文灯谜，中外游客竞相猜谜。

书春 即写春联。民间百姓喜欢把自己喜好的新春吉祥话语写成春联。漕运庙会上，有很多“书春”先生现场书写春联，人们带回家中，要的是春节喜庆欢乐的吉祥兆头。

京东文化名村

高碑店村地处北京商务中心区东，位于通惠河畔，是一个历史底蕴极其丰厚的千年古村。改革开放以来，依托千年古韵和运河文化，在党和国家新农村建设政策的引领下，以“产业为根，文化为魂，弘扬国粹文化，服务首都发展”为发展理念，依托千年古韵和运河文化，实现了“借古兴商，文化兴村，三区两街一园”的发展架构。

高碑店的文化是京东文化一大特色，她不仅影响着村民的文明素养，还对京城文化发展起到巨大的推动作用。

◉ 非物质文化遗产——高碑店高跷秧歌

高跷也称拐子，源于古代先民的生存、劳作，他们将木棍缚踏足下，采集树上的野果和高处的作物。踩高跷是古代百戏的一种，早在春秋时期就已出现。汉魏六朝称踩高跷为“跷技”，宋代称“踏桥”，清代以来称“踩高跷”。由于表演者比常人高出一截，观众需要仰起头来或是站在高处观看，所以也有人称之为“高瞧戏”。北京地区则称之为“高跷会”。高碑店高跷的表演时间，一般都在农历正月十五前后闹“红火”的活动中，以及农历五月的娘娘庙庙会中。这种文艺活动灵活性强，表演形式比较自由，既可在大场地中表演，也可走街串巷，是百姓喜闻乐见的民间文艺活动形式。高碑店高跷会是高碑店文化群体的重要组成部分，更是北京地区花会活动中的重要一员。

传承 高碑店村村民周文华家，藏有高碑店高跷会的门旗和瓶旗的两根飘带，飘带上写有“高碑店老会成立于光绪十二年”（1886），距今已有 130 多年的历史。

清朝末年，一位秦姓村民组织的“童子军高跷队”经过村民张家斌的正

2005 年，第六届北京朝阳国际商务节高跷表演

规划整顿之后，形成了高碑店高跷会。当时，高跷会保留童子军高跷队五六人，其他人员则另选，并聘请双桥东边咸宁侯村花会教头韩托子做老师。

高跷会成立后，直到 20 世纪 50 年代，始终是风风火火。“文化大革命”期间停办。1979 年得到重整。2009 年 10 月始，高跷秧歌作为北京市非物质文化遗产，得以发展壮大。

特点　一般高跷为 12 个人表演，而高碑店村的高跷是 14 个人，角色扮相齐全，生、旦、净、末、丑行行都有，文武双全，自成一家。第一代高跷会表演者个个都有自己拿手的绝活，如扮演“花子”的“张铲头”，腿上功夫好，在娘娘庙前的十三级台阶上，三个翻身到最低层，翻过来又从最底层一级一级反铲到最上层，而且每铲一级都与锣鼓点合拍，行云流水，一气呵成。“张四丫头”把“后兰”这个角色表演得潇洒飘逸，人称“乐逍遥”。“膏药”徐子彬更是艺高胆大，他曾踩着高跷到东直门自来水公司的水塔上摘铃铛。第四代“渔翁”扮演者张天宝，外号“二皮脸”，痴迷高跷，技艺高超，征服前辈老艺人。第四代演员还有“小头行”冯保明和周秉忠，“大头行”陈光先，“武扇”王忠，“文扇”刘祥，“二锣”陈维先，“头鼓”张真，“二鼓”周清福，“樵夫”于贵，“后兰”山德明，“膏药”周秉恒，“老太太”陈瑞，“花子”张普，等等。

中断与重建 高碑店高跷会自成立以来，一直得到村民的欢迎与拥戴，但在“大跃进”、“四清”运动，特别是“文化大革命”时期，一度中断了包括高跷会在内的保持多年的传统文艺活动。“文化大革命”结束后，1979 年，高碑店大队党总支决定恢复高碑店村高跷会。老会员刘祥任会长，张文玉任总教练，王忠、卢德海、张合担任教练。通过三个月的努力训练，高碑店重新组建起以陈光先等老演员为主的老跷会和以“娃娃兵”为主的少年高跷会。1980 年春节期间，两支高跷队首次公开表演，前来观看者众多。1981—2002 年，由于各种原因，高碑店村的高跷队虽然存在，但表演处于时演时停状态。

2003 年 10 月，张文秀担任会长，陈光先、张文玉、陈庆余担任教练，演员“小头行”张岳为在校学生，“大头行”张爱星，“武扇”张爱革，“文扇”徐海滨，“头

“武扇”张文玉

高碑店高跷第三代传承人（前排左一为张文玉）

张文秀辅导少儿高跷队

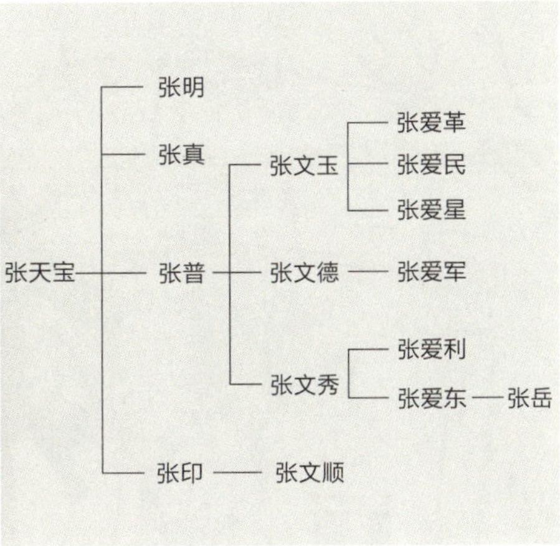

张文秀家五代踩高跷人示意图

锣”张爱东，“二锣”刘庆海，“头鼓”张爱利，“二鼓”张爱军，“渔翁”彭大龙，“樵夫”刘庆华，“后兰”彭志江，“花子”林德帅，“膏药”张爱民，“老太太”张永春。这一批演员大部分是1979年出生的，也是参加龙潭杯花会大赛的班底，功底比较扎实。2004年正月十五，村委会举办花会表演，重整后的高跷会参加表演，受到村民、观众欢迎。经过排练、表演，高跷会形成了具有特色的剧目，如《西厢记》《打渔杀家》等。

张文秀一家是高碑店村的高跷世家，为高跷会重组付出了努力。他是村里唯一能够传唱高碑店高跷秧歌歌词的人，也为高跷队培养了第四代、第五代队员。

走出国门 2005年春节期间，高碑店村高跷会应邀到英国进行表演。此次表演，高跷会一改往日用的杨、柳木跷，利用杉木轻便、结实的特性，采用传统的榫接方法，重新制作一批新跷。为突出演出效果，新文跷1米左右、武跷90厘米左右，均比原来高10厘米。还特意把木跷漆成上红下黑两种颜色，并将露出服装外面的底托黑色部分，用银粉、金粉画上中国龙的图案，寓意中国人是龙的传人。演出服装一套是传统戏曲服装，另一套是服装设计人胡晓丹设计的“北京风情”主题服装。化妆由中国戏曲学院专业化妆师担任，导演蒿巨为演出顾问，对高跷队的演员、演出效果进行培训、指导。高跷队与其他几支北京的表演队伍穿行伦敦市中心特拉法加广场，为伦敦市民展示才艺。这是中国农民高跷表演首次走出国门，展现在世界面前。高碑店高跷会先后到悉尼、洛杉矶、温哥华等地表演。

2005 年 2 月高跷会在英国伦敦演出

获得荣誉

高碑店村高跷会除在本村庙会演出外，还多次应邀参加北京地区其他花会组织的表演和比赛。1949 年、1954 年曾参加国庆庆典活动。1987 年、1988 年、1989 年曾参加龙潭杯花会表演赛，均获得第一名。历年荣誉如下：

参加石香炉走会　1944 年 3 月，广渠门高跷会的会头阮永成邀请高碑店村高跷会参加广渠门外的石香炉走会，应邀参加的还有二道街高跷会、十八里店前旗庄高跷会、唐家坟高跷会、广渠门白桥高跷会。这是一场规模较大的花会大比武，高碑店高跷会表演特点是起动快，刹点快，文跷逗得有趣、妙趣横生，武跷功夫过硬、动作奇巧，

2006 年 2 月少儿高跷舞动悉尼

2007 年 2 月高跷会在美国洛杉矶演出

2009 年 10 月高跷会应邀到加拿大参加演出

拔得头筹。

龙潭湖庙会夺得冠军　1987 年，高碑店高跷会接受崇文区龙潭湖庙会组委会邀请，参加花会会演，同时参加会演的还有来自全国各地的多支花会。为了保证会演比赛的水平与公正性，龙潭湖庙会组委会邀请民间花会领域的老艺人，以及舞蹈家贾作光，剧作家、文学家吴祖光等文艺界专家、学者作为评委。高碑店村领导在人、财、物等方面都给予了支持。决赛中，高碑店高跷会的整个表演如行云流水一般，自然流畅，尤其是扮演“膏药”的张爱民，踩着高跷上近 1.5 米高的大方桌倒立，动作稳健优美、舒展大方，赢得了众评委的一致好评，夺得冠军，捧回“龙潭杯”。在 1988 年、

1989年的龙潭杯花会表演赛中，高碑店高跷会均获第一名。2009年10月，高碑店村高跷秧歌被评为第三批北京市非物质文化遗产保护项目。

2009年高碑店高跷秧歌被列入市级非物质文化遗产

附：高跷歌词 ①

渔樵耕读

渔翁行走来在江湖，柳荫树下蓑衣铺。甩线垂钩金鳞钓，制杯水酒自斟自饮。手搭凉，四下观望，漫山坡转过来一位樵夫。俺渔翁一见樵夫慌忙站起，这没见贤弟你可到洪福。来来来，咱二人吃上杯水酒。饮几杯水酒误不了你打柴的功夫。二人吃酒正要落座，漫山洼转过来一位农夫。渔樵一见农夫慌忙站起，这几天雨水调和你将把地锄。来来来，饮几杯水酒，误不了你耪地的功夫。咱三人吃酒正然落座，当庄上转过来一小穷读。闻听见在京都开了考场，游着山逛着景直奔京都。渔樵农一见相公忙站起，这几天没见南学将把书读。来来来咱四人吃上杯酒，饮几杯水酒误不了你念书的功夫。渔翁说：你高跳龙门必然得中。樵夫说：得中回头，享受洪福。农夫说：世人乐，没有你们读书人乐。公子说：得中回来，托拜你们三位的洪福。咱四人今朝会在一处，来你看，好比那古圣先贤，渔樵耕读。

西厢记

单唱：一轮明月照西厢，二八佳人乔扮梳妆，三请张生来赴宴，四顾无人跳过花墙，五更夫人知道了，六花棒拷打小红娘，七刑问不出真情事，八月十五莺莺降香。

众唱：好一朵茉莉花，好一朵茉莉花，花开花谢无有人来掐，奴有心掐上一朵戴，又恐怕看花的人儿骂。八月里桂花香，九月里菊花黄，招惹那个张生跳过了粉皮花墙，这才是为什么崔莺莺又把楼门关上。哀告小红娘，哀告小红娘，可怜你那学生，在外无有香，你若是不开开门那，我跪到东方发了亮。哗啦啦把门开，哗

① 附中选录歌词均摘自由司德顺、刘祥、王忠、张文玉、卢德海、张合、李岩、佘永恩、陈庆余1979年重新整理的《高碑店高跷会歌谱》。

啦啦把门开，开开那个门来瞧不见了张秀才，莫非是为情的人他是一个妖魔鬼怪。二次又把门开，二次又把门开，开开门来瞧见了张秀才。叫哥哥忙施礼，小妹妹飘飘前来拜。张生请进来，张生请进来，桌椅那个板凳列在两边排。叫丫鬟忙献酒，端上几盘菜。今日也来瞧，明日也来瞧，瞧来瞧去老夫人知道了，叫哥哥刀尖上死，小妹妹悬点上了吊。今日想哥哥，明日想哥哥。哥哥你那门前有一道小沙河，上搭着独木桥，小妹妹实在难过。好一个无可奈何，好一个无可奈何，坐在河的下坡，先脱那个绣鞋，后抖裹脚条，这才是为情的人，这才是为情的人刚刚把河过。过河雪花飘，过河雪花飘，飘来飘去三尺三寸高，堆了一个雪白的人，小妹妹就在怀中抱。哎呀呀不好了，哎呀呀不好了，太阳出来雪人晒化了。早知道露水的夫哇，小妹妹就不往怀中抱。

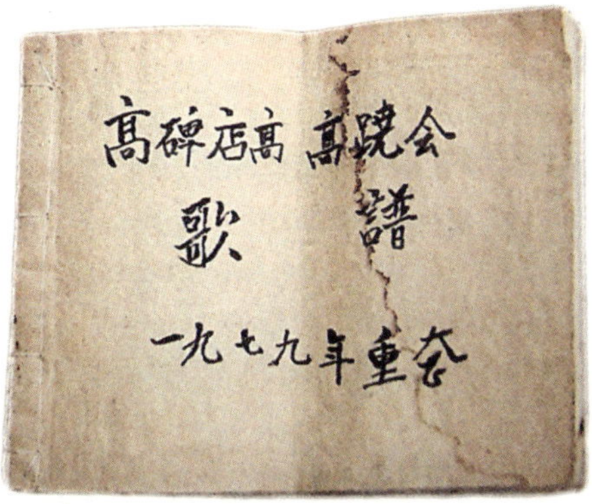

高碑店高跷会歌谱

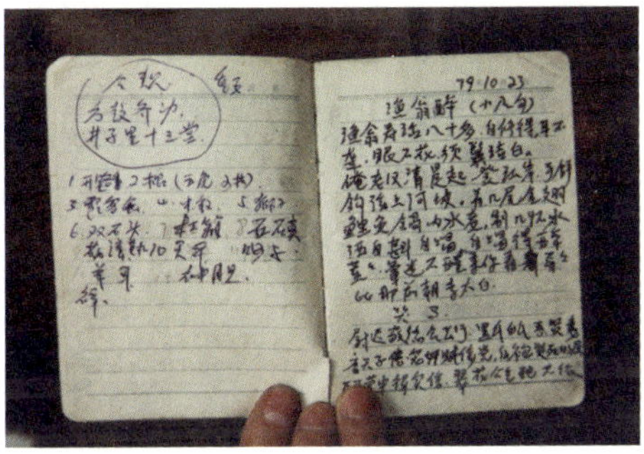

歌词手写本

单唱：九月里张生去赶考，来你看，十里亭哭坏了莺莺，急坏了小红娘。

小八仙

五色祥云上下翻，八洞神仙来在江边。头洞神仙汉钟离，紫面长髯耳坠金环。还生瑞彩金光现太平年，手拿芭蕉扇，能扇风火，年太平。来在此处跪在佛前，手打弥佛念生宣。上保合村无有灾难太平年，下保地亩好庄田年太平。吕洞宾身后斜背一口雌雄宝剑，张果老驴小能驮四大名山。何仙姑笊篱能捞寿面。韩湘子花篮小一年四季怀绣牡丹。蓝采和的笛子（群唱）曹国舅的板，来你看，跛拐李葫芦冒青烟，跛拐李葫芦冒青烟，信士弟子来参驾，来你看，福保合村水平安。

路行歌

日落西山酉时交，行人打马奔走路遥。士农工商吃罢了晚饭，行路之人把店门敲。西来游僧归古寺，南来宾鸿展翅往北遥。林中栖鸟归宿毕，绣房佳人如从睡着。说罢了，东风起，芦苇叶儿瓢，岸上芦花影儿摇。池中荷花喷香气，有一个癞蛤蟆水面皮飘。就在水面皮嚎。无心把它看，懒得把它瞧，自觉得，心急马慢，好让我心焦。一棒铜锣哨子响，惊动了看家的狗。乒乒乓、乓乓乒，唏铃铃，哗铃，打着梆子摇着铃，人去瞭高。霎时间，明月当空照如白昼，来你看，南楼上一书生，清清冷、冷冷清，孤孤单、单单孤，独坐一盏待灭不灭残灯，懒得把书瞧。

罗成叫关

也是我白虎星降下临凡，在表跟前这座白虎关。周惜婆前困住罗门小将，连人带马困在中间。雪花打得我银盔甲，西北风飕得我透骨寒。一更盼得我二更鼓，二更盼到三更天。好容易盼到金鸡叫，一夜的工夫呀赛一年。东关杀罢了南关去，南关杀罢够奔西关。连闯三关我没把城进，加鞭打马够奔北关。眼望城楼忙靠手，有个灯笼挂在高竿。大喊一声寻城将，不知看关那位将官。城上罗春忙搭话，叫声为父请听言，莫非为父忘记了我，我是你子罗春小儿男。莫非你是罗春子，你为什么不给为父开开关。瞒恕瞒恕休瞒恕，瞒恕为儿是枉然。三王原籍传下令，不许私自开开关。私下开关关一口，摘下人头挂在高竿。罗爷闻听这句话，尊声为儿请听言。我有心要把家书写，没人捎书到长安。好一个伶俐罗春子，能够捎书到长安。我一来没笔二来没墨，我拿什么当书篇。低头一想有有有，腚下落裙撕下半边。中指一口血咬破，血血淋淋写在上边。拜上拜上多拜上，拜上唐王众位将官。我恨秦琼姑表弟，让他照应罗春小儿男。写罢了书信往上扔，血书一下往上蹿。罗春一把忙抓住，接住血书泪不干。恼一恼来怒一怒，我给为父开开关。进城先杀唐天子，见着苏列乱前攒，耳听一声梆子响，又看苏列炸了营盘。甩座离鞍上坐骑，二足一蹬马绞环。东来箭，用枪挡，西来箭，用鞭悬。罗成学会了争箭法、列箭法，并有一箭到跟前，耳听一声天鼓响，又听上边有人言，也是你白虎星该归位，误了时辰上不了天。淤泥河当作平川地，来你看，二目一闭命染黄泉。

金山寺

白蛇两眼泪涟涟，思念丈夫许仙官。奴为你金山寺内去还愿，带领小青儿寻找金山。僧人跑上了山，唉嗨呦呵，跪在了禅师面前。今日，此事真真的现了然，江湖中的水淹了这座大雄宝殿。长老便开言，叫了一声许仙官，你若是害怕，急速转回家园，你急速走唉，未叫你延迟慢。唉嗨唉嗨呦，有未有白蛇来到这座寺前。你连白蛇请到我的面前，唉嗨唉嗨呦啊，领法旨，架起云端，迅如箭，长老法力无有边。诸神请下天，诸神过云端，白蛇困在中间。有未有天罗地网一样般，你若是想逃走，除去东西南北边。奎星到了身前，救出虎穴龙潭。得了命的白蛇，半路等着许仙，他二人诉苦情啊！夫妻二人重相见。夫妻转回家园，产生一小儿男，生养一儿，读书中上状元，连他的生身母哀告前堂悬，有未有法海来到我的面前，手托着紫金钵。白蛇又把原形现，送到西湖畔边，宝塔压在上边。要慰母子二人重相见，来你看，除非是雷峰塔倒，西湖岸边干。

◉ 古典家具一条街

发展概况 高碑店古家具市场是依托漕运码头的特殊地理位置逐步形成的。元朝定都大都（今北京）后，急需大量珍贵木材和华丽家具装饰皇宫，而黄花梨、紫檀等珍稀木材仅产于南方，当时只能通过漕运运到北京。由于路途遥远和漕运艰辛，船工到京城后，进入高碑店村平津闸漕运码头，要整理货物、办理入京手续，须驻下来。船工们有时用一些随船的珍贵木材交换一些生活用品。久而久之，高碑店就成了珍稀木材聚集地。借助漕运码头商贾云集优势，高碑店又逐步兴起珍贵木材家具制造业。

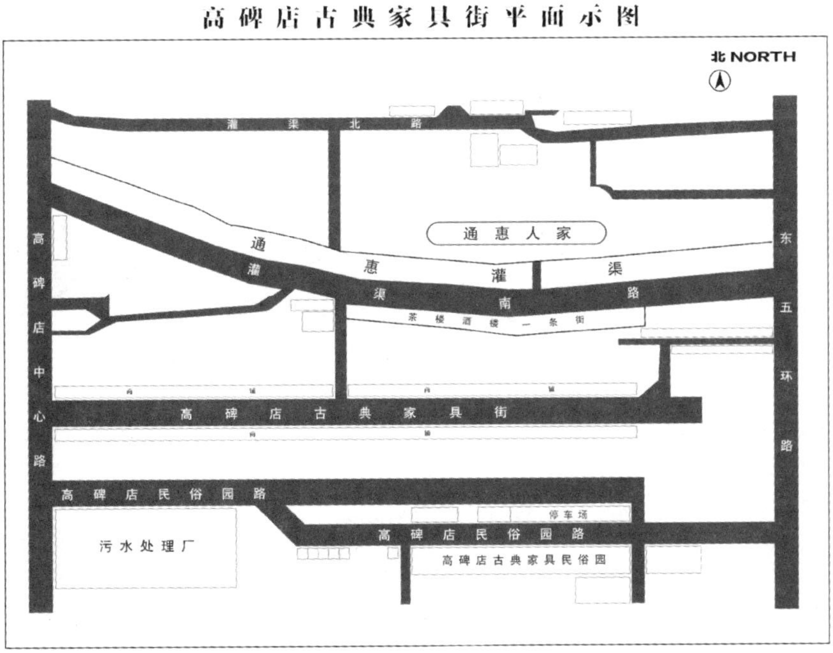

高碑店古典家具街平面示意图

高碑店古典家具街街景

20 世纪 90 年代以来，河北、山西、内蒙古等十几个省、市、自治区的民间古旧家具汇集到高碑店，经过能工巧匠修补翻新后，变成了具有中国传统特色的、颇具收藏和实用价值的家具精品。有些北京本地经营古典家具的商户，看中高碑店村的历史文化底蕴，自发迁到高碑店。古典家具一条街也由最初的几家商户，逐渐发展为以古典家具收藏修复、设计制作、展示销售和文化交流为主要内容的特色商业街，还兼营古玩、字画、瓷器、石器等，同时制作仿古家具。这些商户大都以前店后厂的经营方式在村里

古典家具街环境整治施工

2004 年首届鉴宝活动

北京高碑店古典家具行业协会标志

2005 年 8 月，北京高碑店古典家具行业协会成立仪式

鉴宝活动

发展。

21 世纪后，为规范古典家具文化行业发展，高碑店村筹集 100 万元改造升级古典家具街，将这一特色行业培育壮大。解决了村民就业问题，增加了村民收益。

2003 年 10 月，高碑店村召开首届古典家具展示会，提升古典家具街的知名度，吸引大量商户入驻。截至 12 月，入驻古典家具街的商户达到 202 家。

2005 年 8 月，古典家具行业协会正式成立，首批 18 家诚信单位挂牌公示，并确立“老的是珍品，新的是精品”的诚信经营理念。古典家具一条街的规范发展，带动村民房屋租金直线上升，有的村民一年收入就达五六万元。

2005 年，古典家具特色商业街发展为长 1800 米，营业面积 18 万余平方米，商户 300 余家，从业人员 2000 余人，云集国内十几个省市的能工巧匠。产品远销欧美、东南亚十

每年举办一次鉴赏鉴宝活动

2005 年 12 月 2 日，特色商业街挂牌

高碑店古典家具特色商业街

几个国家和地区，拥有 100 余家海外客户。年销售收入超 1.5 亿元，上缴税金 600 余万元。2005 年 12 月 2 日，北京市商务局正式命名高碑店古典家具一条街为“市级特色商业街”，成为北京市第六条特色商业街。

重点项目

随着传统文化的不断发展，不断提升，高碑店古典家具一条街经营理念已从家具向家居转化，从产品向艺术品发展，开发了家居设计、酒店装饰、道具配置等行业。

鲁班馆　是最早入住高碑店的商家，经营明清家具修复和销售，以及仿明清款式新作硬木家具展示和销售。产品生产用料全部为南亚各国的紫檀、红酸枝、黄花梨等名贵木材。

叙和堂　成立于 2009 年，建筑面积 2500 平方米。是一家集古典家具鉴定、修复及手

高碑店古典家具街标志

鲁班馆

叙和堂

工复制的专业研究机构，现为国家博物馆馆藏家具特约维修单位、中国文物协会文物修复专业委员会委员。

双龙苑 北京双龙苑古家具公司始建于20世纪90年代初期，是中国华北地区较早收藏和经营中式古典家具的仿制古典家具的大型企业之一。位于高碑店古典家具街的展厅面积约6000平方米。

双龙苑

古风堂

华伦古典家具

山西石雕馆 展厅面积 500 平方米，陈列石雕商品千余件，包括：寺庙神殿、祭坛石雕，石桥石雕，石阙和牌坊石雕，塔建筑石雕，碑书石雕，人物与动物石雕，生活工艺用品石雕等。

华伦古典家具 创立于 1998 年，以修复出口传统古董家具为主。2002 年建立华伦制造，以生产设计实木家具为主，拥有 FSC 纯实木环保标签。在古典家具街的展厅有 6000 平方米。家具长期出口欧美市场，年销售额 320 万元，纳税 29 万元。

古风堂 成立于 1989 年，以经营明清古典家具为基础。2010 年开始经营法国古董家具，为一家集开发、设计、生产、销售、服务于一体的综合型企业。拥有 15000 平方米生产基地，近 4000 平方米展厅。

北京明清微缩古家具

北京明清微缩古家具 北京高碑店古典家具行业协会副秘书长张贵钧以明清两代古家具为基础，研发出 60 余个品种，按照 1∶10 的比例制成微缩家具，并在 2007 年北京旅游商品大奖赛中获银奖。

聚仙堂

聚仙堂 面积2000余平方米，有展品4000余件。以生产紫檀、黄花梨等高端中式家具和檀香、黄杨木、黑檀精美雕刻艺术品为主。

◉ 国粹艺术街

国粹艺术街街址旧貌

发展概况 高碑店村东南角有一片70亩的荒地，是高碑店污水处理厂垃圾污水沉淀晒干场的预留用地。在7年预留期内，该地没有得到利用，反而是垃圾成山，成为卫生死角。2006年，高碑店村在总结打造古典家具文化一条街为高碑店人带来经济效益的基础上，在规范管理古典家具市场、促进村内各项文化产业的综合发展计划中，提出“三区两街一园”构想和村域规划。“三区”即建设东社区、西社区和文化园三个新农村社区，“两街”即高碑店古典家具一条街和高碑店国粹艺术街，“一园”即

2013 年落成的国粹艺术街

中医药文化产业园。这才使高碑店国粹艺术街提上议事日程。

2013 年，国粹艺术街开业，全长 700 米，建筑面积 38.6 万平方米。街道建筑采用中国明清古典建筑风格，古朴典雅，别具特色。全街主体院馆建设成规模化发展，已入驻各类艺术厅堂院馆 520 余家，聚集了剪纸、香包、泥塑等众多民俗手工艺大师和众多被列为国家非物质文化遗产的手工艺品，形成了一个非物质文化遗产的聚集地。国粹艺术街先后承办北京国际旅游文化节——欢聚高碑店主题活动、首届华夏民俗文化节、第六届北京朝阳国际商务节使节夫人活动日、各国大使闹元宵等活动。

重点项目

国粹艺术街聚集着华声天桥、华夏民俗文化园、北京科举匾额博物馆、中国油画院等各类艺术场所。

华声天桥 2006 年，从十里河迁到高碑店村，延续集民俗商品、文化表演与婚庆礼仪于一体的文化创意产业模式。华声天桥是为恢复和保护天桥文化而搭建的艺术平台，主要有华声天桥剧院、丹青街、民俗街、鸣虫街、钓具街、宠物用品街、民俗工艺街、瓷器街、茶街、观赏鱼街、古玩街、华声天桥小剧场、中幡场、花市、观赏鸟市、老字号餐饮饭店、传统小吃等项目，各类项目入驻商户 520 家。

华声天桥

华夏民俗文化园 位于高碑店村文化新大街，建筑面积 2 万平方米。是古石、奇石的艺术展览基地，同时也是一个交易中心，有 110 余家商户进驻营业。

华夏民俗文化园正门鸟瞰图

北京科举匾额博物馆 位于高碑店村文化新大街1366号，为仿古两进四合院建筑，占地面积3000平方米，仿古建筑2600平方米，2007年开馆。其展陈多为与中国科举制度密切相关的“科举匾额”及科举文物。励志堂科举匾额博物馆为私人展馆，从收藏到展示，由展示到办馆，全由个人投资兴建。该馆以科举匾额为切入点，系统展示中国古代科举历史，从隋朝开始到清光绪三十一年（1905）废止，1300余年的科举史一目了然。展馆收藏科举文物1000余件，其中木匾额600余方，石刻匾额收藏则为国内仅见，藏有古砚500余方。匾额之中，状元、榜眼、探花所题匾近60方，年代最久者为明洪武三十年（1397）匾，年代最久的“状元及第”匾为明永乐十六年（1418）题刻，最珍贵的元代科举门则为该馆镇馆之宝。博物馆二层，收藏有清道光十二年（1832）同一科状元、榜眼、探花所题写的匾额，其中状元吴钟骏题写“高步蟾宫”匾，榜眼朱凤标题写“太史”匾，探花季芝昌为家乡父老题写“匡邪弼恶”匾。馆内每一块牌匾都讲述着一个历史故事，激励参观者发奋图强，爱我中华，故又被誉为“励志堂”。馆长姚远利的论文《中国科举：成于“制”而败于“度”》，得到科举研究界的肯定。科举匾额博物馆被北京市教委指定为校外教育和社会实践基地。

北京科举匾额博物馆（励志堂）

中国油画院

两壶博物馆

中国油画院　隶属于中国艺术研究院，成立于 2007 年，是集美术馆、陈列馆、讲堂、博物馆、艺术家工作室为一体的综合建筑群落，为国家级艺术机构。位于高碑店村文化新大街。已有建筑占地十余亩，建有画室和美术馆等。规划建造完成数十位知名艺术家的工作室、设施齐全的教学综合楼、学术大讲堂及油画博物馆等，总占地面积为 70 亩。院长由当代中国油画家、博士生导师杨飞云教授担任。特约艺术顾问为：吴冠中、靳尚谊、詹健俊、朱乃正、钟涵、邵大箴、陈丹青。学术专家由在职画家和外聘画家两个部分组成。中国油画院美术馆是中国油画院的学术窗口和展示平台，为院内师生、公众以及国内外艺术家提供一个观摩、学习、展示交流的空间。

两壶博物馆　中国鼻烟壶、紫砂壶博物馆于 2011 年 5 月落成，位于高碑店文化新大街。本馆为三层独立建筑，外观为黑色大理石立方体，装饰有格子玻璃。一楼以经营中国鼻烟壶和紫砂壶两类艺术精品为主。二楼为中国鼻烟壶和紫砂壶博物馆。三楼为徽派风格的中式艺术会所。两壶博物馆按照专业博物馆的理念，收藏、研究、展示中国鼻烟壶、紫砂壶在各个时期，特别是近现代以来所创造的物质文化成果，记录中国鼻烟壶、紫砂壶与物质文化相配合的非物质文化的产生过程。博物馆还融入了武强年画、定瓷、剪纸、刻章等多种北方独具特色的非物质文化艺术品展示。

◉ 北京国际中医药港

项目概况　2000 年，经村委会研究，将高碑店预留的 80 亩工业用地定位为引进资金，发展传统中医药产业用地。项目启动之初，规划设为 1.2 的容积率，80 亩地只有 4

万平方米的建筑指标，并未充分开发这块土地价值。村委会多次向上级请示，容积率从1.2调整到3.0，地上建筑面积增加到18万平方米。2009年春节前，高碑店乡、村领导到广州招商引资，使项目得以落实。

北京国际中医药港位于高碑店中医药文化产业园区内，2009年7月开始建设，2012年基本竣工。项目总投资60亿元，实际占地面积53053平方米，总建筑面积约为23万平方米，其中地上部分面积为18万平方米。项目分为地下和地上两个部分，共8层。其中地下一层设有1.5万平方米库房，作为入住商户附属周转仓库；另有1.15万平方米和整个地下二层，作为停车场以及部分动力及配套设施，可容纳约2000辆汽车停泊。地上一至三层为多功能厅、展示中心、销售中心、银行、中医药博物馆、发布大厅。四到六层为中医诊所、健康会所、会议中心、驻场药监部门、鉴定部门、电子商务交易以及办公场所。经营项目包括现场交易，电子商务（网络销售），国际中医药、医药物资学术、技术、信息、经验交流，企事业单位科研成果、新技术发布展销会和中国著名中医专家门诊。

项目进展 2003年9月，由中国倡导成立世界中医药学会联合会，有44个国家和地区的120个中医药学术团体和机构参加。朝阳区政府将北京国际中医药港定为重点发展项目。北京国际中医药港以中医药博物馆为载体，展示中医药器械、名贵药材为主要内容，集经营、会议、旅游和展览为一体。该项目成为国内外中医、中药行业的龙头，产生巨大的经济效益和社会效益。

北京国际中医药港

文物胜迹

高碑店历史上曾有娘娘庙、朝阳庵庙、龙王庙、将军庙、五帝庙五大庙宇和众多的古墓石碑，庙宇在高碑店人日常生活中占有极其重要的地位，深深地影响着村民的思想和生活。“文化大革命”等特殊时期，村内庙宇大部分被拆除，古墓被挖掘，石碑被砸坏或埋入地下，在人们视野中消失。改革开放后，党和政府不断加强文物保护和利用，高碑店村人自筹资金，不仅复建了龙王庙、将军庙等庙宇，而且在高碑店村还新建了鲁班祠、琦檀宇艺术博物馆、北京科举匾额博物馆等人文景观，扩大了高碑店村的影响力。

一件件文物留下厚重的历史，一栋栋建筑带给人们无限的遐想，不知不觉地将人们带回那古老年代。

◉ 庙宇　平津闸

平津闸遗址区　位于入村口西侧通惠河南岸，漕运文化广场内。元至元二十八年（1291）督水监郭守敬奉诏兴举水利，修成于至元三十年秋，元世祖赐名为通惠河，村内的平津闸（郊亭闸）是北京市现保存较完好的漕运遗址。

平津闸遗址区

漕运文化广场水榭

孝悌园

漕运文化广场

娘娘庙门前井口

娘娘庙 又称东庙，位于高碑店村东，坐北朝南，单独一院。庙中所供有三位娘娘，即“三霄娘娘”，分别为琼霄娘娘、碧霄娘娘、云霄娘娘。庙东侧隔墙的另一个院落还有几座殿，坐北朝南，最前面的是弥勒佛殿，殿中供弥勒佛，佛像背后为二郎神；其后是高大雄伟的罗汉殿，殿内正中供三尊佛像，东西两侧供十八罗汉，后殿是菩萨殿，供南海观世音菩萨；最后面殿是金佛爷殿，所谓金佛爷也就是塑像上贴了金。两院之间有小门相通，端午节时，赶庙会的人们也会去这几个殿里烧香拜佛，但香火都不及娘娘庙里的香火旺盛。娘娘庙的香火平日很旺，每逢初一和十五都开庙门，村里人生病或者有困难，到娘娘庙里许愿求娘娘保佑，或者在愿望实现后到庙还愿。娘娘庙在“文化大革命”期间被拆，现为西社区停车场。

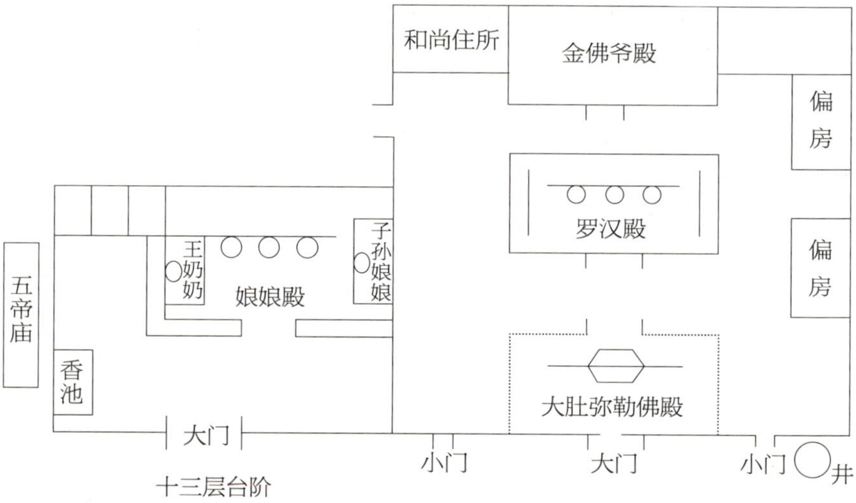

娘娘庙平面示意图

朝阳庵庙 又称长安庙。朝阳庵庙位于高碑店村西，村里人称之为“西庙”。朝阳庵名字看起来很怪，似乎是一处尼姑庵，但其实住的都是和尚。据管理此庙的碾（音）化寺和尚说，寺庙本应叫“朝阳安”，只是当初误将“安”写成“庵”。

朝阳庵庙曾有十几个和尚居住，旧时，村里人家若办丧事需要念经的，一般到此雇请和尚。五月端午娘娘庙庙会“送驾”时，此庙和尚也要去做法事，一般是七个人，至少也要五个人。此行完全是义务出行。

朝阳庵庙不对外开放，没有什么香火。中华人民共和国成立后，朝阳庵庙提供了一间房屋作为工学团教室。后来，该庙大殿和配房都改成教室，朝阳庵庙成为十七中的一部分。

龙王庙　据明嘉靖年间（1522—1566）专职督管通惠河河道的都水司郎中吴遵晦所撰龙王庙碑文记载，水工部司管漕运的人在高碑店闸口的龙王庙巡视，这是最早有关高碑店龙王庙的文字记载。

通惠河自元朝修建直到清代，都是为皇家运送粮食等重要物资的漕运命脉。这条运皇粮的水道，不允许平民百姓使用。辛亥革命后，漕运已经停业，原来在运河边以搬运货物作为主要生计来源的高碑店人，不得不寻找新的谋生手段——挖坑养鱼，所以通惠河沿岸布满大大小小的鱼坑。养鱼、耕地要靠天吃饭。遇到大旱无雨时，村民们就到龙王庙去求雨。求雨时，村里人要用秫秸秆做一条龙，头领走在前面，四人抬着龙紧随其后，伴着锣鼓声在村里转。游完龙后再到龙王庙进香。

龙王庙

龙王庙碑碑额

龙王庙碑（拓片）

龙王庙原碑

龙王庙新碑

养鱼所挖的鱼坑在通惠河岸边，如发大水，鱼坑容易被暴涨的河水冲毁，村里人乞求龙王爷，不要冲毁鱼坑。为保护鱼坑免受洪水之灾，村里有专人在老闸口值班，叫作闸房。每遇下雨运河涨水，可能危及鱼坑，此人就要敲锣。村里人家不管有无鱼坑，男人们都赶往老闸口，准备起闸板放水。锣声如军令，因为这关乎鱼坑的安危，也关乎全村的安危。一般视水情紧急程度决定起闸板块数，有时因水势过猛或闸板很久不使用而难以起动。危急时候，村民就要到龙王庙里去敬香，祷告龙王保佑闸板顺利起出，平安无事。更危急的时候，闸房就跪在老闸的“燕翅”（闸两侧的八字形河堤）边上，头上高高举起一炷香，在河堤上磕头，祈求龙王保佑。

龙王庙前殿碑

龙王庙是村民出钱维修，对于侵害龙王庙的事情，村民们人人要管。龙王庙的东厢房是一个茶馆，高碑店卖鱼户需要商量的事情都在这茶馆里面商谈，平时养鱼户也经常在这里谈天和交流经验。除了养鱼、卖鱼户以外，高碑店村头领也经常到这茶馆里来，这里是他们的“活动中心”。民国时期，龙王庙配殿被警察占据，庙里香火也逐渐衰败。

20世纪50年代中期修通惠灌溉渠时，龙王庙佛像被拆除，整个庙宇被用作指挥部。“文化大革命”期间，龙王庙被彻底拆除。

2011年，村民集资在原址重新修建龙王庙，2012年完工。重建后的龙王庙坐北朝南，位于通惠河南岸，两进院落，山门殿三间，东西两侧各有三间偏殿；正院内，东西厢各三间厢殿；院内正殿是龙王殿五间，里面供奉有龙王，还有雷公、电母和风神、雨神，平时由道长值守。东西两侧各有耳殿两间，后院中间是龙福书院，其两侧各有丹房、伙房、餐厅、办公室等。

龙王庙香炉

将军庙 高碑店村老闸口北有一个将军庙，将军庙中原有一尊将军塑像，一手捧幡，一手挑着大拇指，身着蓝衣，腰挎宝剑，看守着漕运。但关于这位将军是谁，尚无可知。

将军庙

重修五圣祠碑记

将军塑像在八国联军入侵时，被法国军队推倒。将军腰中宝剑，被日本侵略者扔到河里。将军庙很早就败落了，跟普通民房一样，只是在北房上供着一幅将军画而已。

2011 年，将军庙与龙王庙同时在原址重建，2012 年完工。

五帝庙 又称五道庙、小五道庙或五圣祠，村里有人也称之为“鬼庙”。 位于后街西头，离闸口不到 200 米，通常被人们称作“后街五帝庙”。该庙是由村里船户集资修建，原有一间房大小，前面有一木栅栏挡着，一扇门，一扇窗。而在高碑店娘娘庙的西北角还有一座五帝庙，这是所谓的“前街五帝庙”。一种说法是，五帝庙中正座所供为关羽，东边是山神和龙王，西边是财神和土地，由此得名“五帝”或“五圣”。另一种说法是，五道庙里面供的是阎王爷、判官、大鬼、小鬼等。

正月初一时，船户都要到后街五帝庙烧香。六月二十四日是后街五帝庙落成之日，民国时期，船工当天要在庙前搭棚，给庙里捐一百元的就可以一起吃饭，村里人称之为“吃帖子”，有时还演皮影戏。通常初一和十五也要开庙门，很少有人到那里烧香。

1964 年，跨河煤气管道施工时，与后街五帝庙的位置相冲突，庙被拆除。

◉ 古墓　碑址

恭镗墓 位于古街社区。墓主为清黑龙江将军恭镗，字振魁，满洲正黄旗人，博尔济吉特氏，大学士博尔济吉特・琦善之子。因其父而授吏部主事。累官郎中，兼内务府银库员外郎，充总理各国事务衙门章京，出为湖北荆宜施道。清同治十年（1871），擢奉天府府尹，后因事降职。光绪三年（1877），赏二等侍卫，任乌鲁木齐领队大臣。两年后，任乌鲁木齐都统。光绪九年，任西安将军，后因病免职。光绪十二年，署黑龙江将军。曾上疏请求创办漠河金矿，以杜绝俄国觊觎之心。又建议垦荒，指出十利，即储国帑、济民食、严保卫、便辑绥、裕经费、富征收、集商贾、益厘税、广生聚、实边备，但朝廷下诏不许。光绪十四年，实授黑龙江将军。次年，移任杭州将军，在上京觐见途中病卒于天津，朝廷下诏优恤，灵柩奉旨进京葬于此。

高碑店村铭碑址 位于村北通惠灌渠出水口北侧，与西面通惠河南端平津闸遗址相对。铭碑建于 2004 年 9 月，坐西南，面东北。基座长 6.7 米、宽 4.3 米、高 0.6 米，碑身高 2.8 米、宽 4 米、厚 0.8 米。碑体重约 28 吨，石料采自房山区历代皇家宫苑专用石料场地——大石窝村。基座为青白花纹大理石，铭碑主体为黑白相间花岗岩。铭碑阳面刻有中文隶书体“北京高碑店”并附英文。铭碑阴面镶嵌一块长 1.36 米、高 0.6 米的汉白玉石，上刻 295 字村铭。

高碑店村现行政界域形状近似于宝鼎，铭碑外形取意于此。村委会及村民立意创建此铭碑。铭碑分碑脚、碑身、碑首。石料采用黑白花岗岩，意为“宏基坚实、青白如许、憎爱分明”。 字序排列为金字塔状，象征永久辉煌。碑脚用石 3 块，成三足为稳之用。碑身用石 5 块，意为“吾”，主“此地”为高碑店村，另为村民聚合之意。碑首用石 5 块，意为广泛，即取五方、五色、五味、五谷、五伦等意；造型如航船，寓意驶向未来。

高碑店村铭碑址

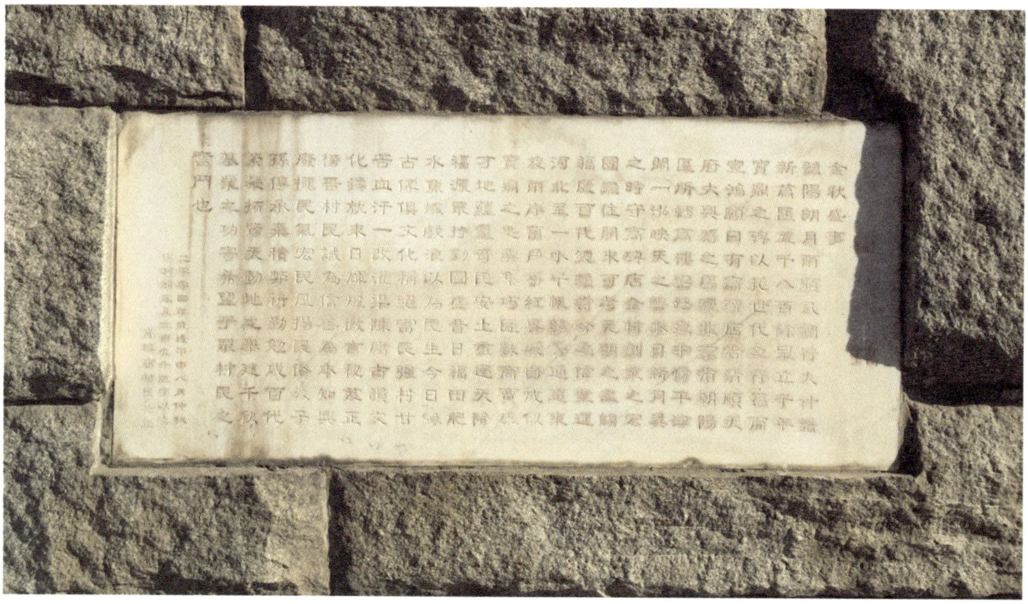

高碑店村村铭

铭碑碑体用石共13块，取意“十三经”。探索古代政治、军事、宗教、经济、哲学、论理、民俗及各领域内文化的发展规律和展示的文化特征均离不开“十三经”。高碑店村历史文化悠久、内容丰富，采用十三块基石堆集成碑寓意昭然。

◉ 新建胜迹

鲁班祠 建成于2008年10月，位于古典家具街，总占地面积600余平方米，建有正殿和东、西配殿。正殿供有鲁班塑像；东配殿详细介绍“鲁班传说和发明”，并配有相关“鲁班实物”，均为商户捐赠；西配殿主要介绍北京高碑店古典家具特色商业街的发展史。

艺苑楼 位于古典家具街，面积3000余平方米，为传统风格建筑。一层展示百余件民族乐器，二层展示高占祥岩彩画，三层展示书法、国画作品。除日常接待参观者外，还承接特色文化活动，不定期举办民乐演出和名人笔会。

琦檀宇艺术博物馆 位于古典家具街，建筑面积3000余平方米的展馆内陈列不同年代、不同风格的古典家具。在继承发展民族文化的同时，还精于对各类古家具的修复，承接不同风格中西款式家具的定做及居室、店堂装修装饰项目。

清华美院高研班创作基地 位于民俗文化园内，建筑面积2000余平方米，设有电教室1间，专业创作教室10余间，以及教师、学员宿舍30余间，可同时容纳200余名学生在基地学习创作。

手炉文化博物馆 位于民俗文化园内，建筑面积200平方米。手炉博物馆是一个私人博物馆，馆主自20世纪70年代初开始手炉收藏，所收手炉年代久远，品种繁多，渐成系列。博物馆展出藏品千余件。

有璟阁博物馆 位于国粹艺术街，占地3000平方米。玻璃建筑内部为纯木质结构明清徽派建筑，分为民居、宗祠、牌坊三大部分，2007年建成开放。内部建筑按照450余年前安徽老宅复建而成，展示与北京传统四合院风格迥异的徽派文化。

艺苑楼

琦檀宇艺术博物馆

清华美院高研班创作基地

有璟阁博物馆

新农村建设

新中国成立后，特别是改革开放以来，高碑店村在党的新农村政策指引下，结合本村实际，按照“组织引路、能人牵头、辐射带动、共同发展”的工作思路，坚持新村建设、旧村改造和挖掘历史文化整体推进，产业发展与配套设施建设同步推进。经过几年的不断努力，呈现在世人面前的是优美的村容村貌，宽阔整齐的道路，错落有致的楼群，倡导新风，共建文明、和谐的社会主义新农村。

新中国的建立给古村带来新气象，改革开放再次给予村庄勃勃生机，现代化的都市生活在高碑店村成为现实。

◉ 建设规划

围绕全村整体规划布局，高碑店村形成“支部主导、村民主体、原址翻建、商住一体”的新农村建设模式，实现人不离村可上楼，足不出户能致富，改变农民的生活环境和质量，让百姓参与改革过程，享受改革成果。

西社区规划 2006 年，村委会按照“规划先行、市政优先、统筹发展、分步实施”的原则，决定西社区保持原貌，但可自行改造。依托千年古村历史文化底蕴和古典家具文化产业的发展，探索新农村建设发展模式。2006—2008 年，召开 9 次村民代表大会，通过 25 项提案，设计 6 套预选方案，最终确定采用农村传统方式，组织村民统一翻建房屋的方法，破解胡同狭小、布局凌乱、吃水难、出行难、用电难、安全隐患多等难题的村庄建设规划方案。

2009 年，高碑店村完成西社区整体规划方案的制定，并通过朝阳区政府审核。规划总占地面积 15.5 万平方米，总宅基地面积 10.5 万平方米，常住人口 2576 人。房屋总体设计遵循农村排子房的传统设计，每户主体为 2 ～ 3 层的庭院式建筑，一层全部按照商业用房设计，可以自主经营，也为古典家具产业发展提供充足的空间。

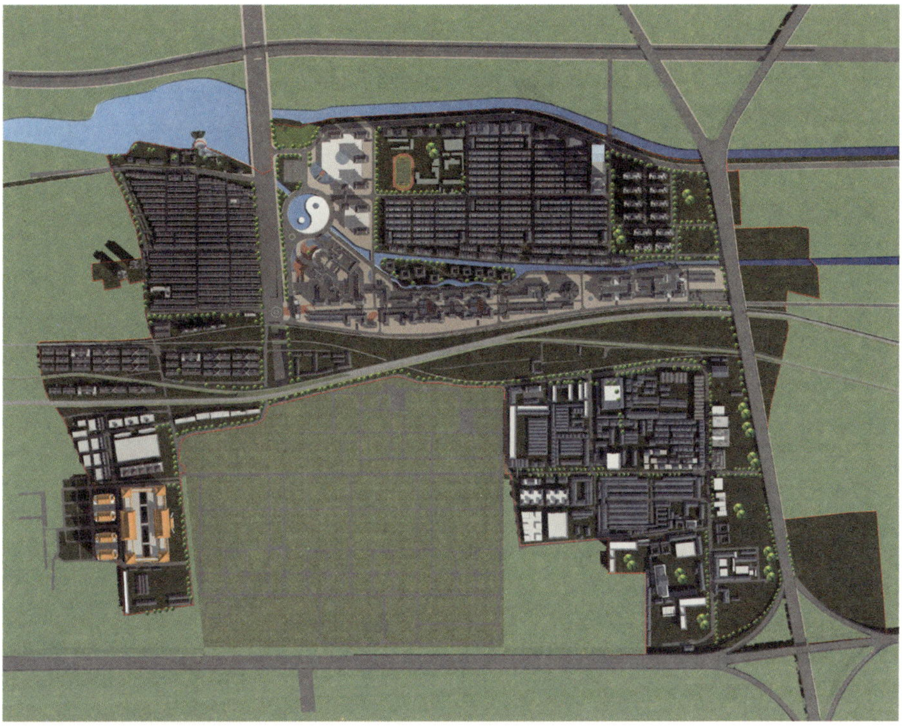

2007 年高碑店村规划效果图

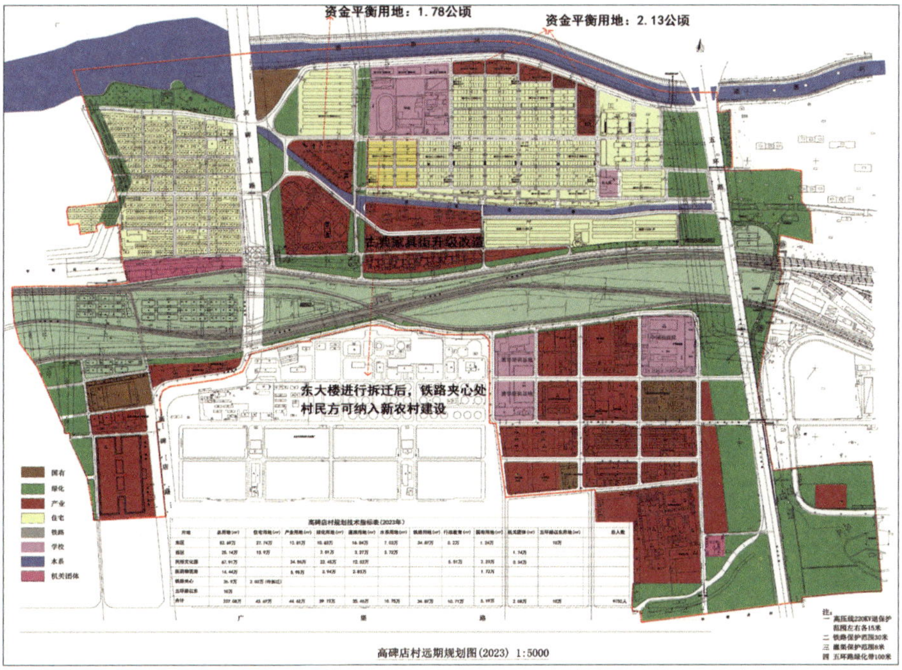

2007 年高碑店村规划平面图

2012年，对工业区进行升级改造，总建筑面积地上3.5万平方米，地下5000平方米，房屋主体建设当年全部完工，并引进新企业28家。

东社区规划 2012年下半年，根据东社区大多数村民的意愿，经党总支、村委会研究决定，参照西社区的改造模式进行新农村建设。东社区住宅比较分散，北京市市政管线无法接通。根据东社区规划的要求采取集中安置，将所有住宅全部安置在陶家湾。为确保东社区村民了解改造情况，村党总支、村委会分别召开村民代表、党员、片组长和专业队员等会议；分成22个小组对新农村建设实施方案进行入户宣传调查，征求村民的意见和建议。东社区改造涉及民宅院落850个，2058户，3658人。规划分为四个板块：

A板块房屋20栋184套，总建筑面积10.4万平方米（其中地上7万平方米、地下3.4万平方米）。2012年4月开工，10月结构封顶并开始二次结构砌砖、抹灰、屋顶工程；2013年6月进入收尾清理阶段，9月房屋全部验收合格，交与村民进行装修。截至2013年11月，北京市市政管线全部施工完成并交付使用，水、电、天然气、有线电视、电话、宽带全部入户并开通。

B板块房屋15栋93套，总建筑面积7.5万平方米（其中地上5.1万平方米、地下2.4万平方米）。2012年10月开工；2013年6月底结构全部封顶，7月开始二次结构砌砖、抹灰、屋顶工程，年底进入收尾清理，抓阄分房，交剩余40%建房尾款；2014年3月房屋交付村民验收。

C板块房屋16栋155套，总建筑面积9.3万平方米（其中地上6.5万平方米、地下2.8万平方米）。2013年3月开工，8月底结构封顶，9月开始二次结构砌砖、抹灰、屋顶工程，年底进入收尾清理验收；2014年6月房屋交付村民验收。

D板块房屋16栋127套，总建筑面积7.9万平方米（其中地上5.5万平方米、地下2.4万平方米）。2013年5月开工挖土，年底结构全部封顶；2014年6月进入收尾清理验收，7月房屋交付村民验收。

2014年，完成E板块78套房屋的规划。

2015年，东社区新农村建设A、B、C、D四个板块559套房屋全面建成，并接通北京市市政管线，村民陆续入住；E板块78套房屋基本建成，北京市市政管线施工全部完成，房屋交付村民并进行装修。

公共设施规划 在完成东、西两社区房屋规划的同时，按照北京市市政标准，对路、水、电、气、电信、网络等基础设施进行一同规划、一同施工、一同完善，实现房

2009 年高碑店新农村建设启动仪式

屋建成，基础设施完成，居民即刻入住。完成沿河路、十七中西门路、陶家湾路的路面修补和铺设，灌渠两岸石栏杆更换，人行步道建设，新建 4 座公厕，以及高星公园内社区办公及配套用房内部装修，铁路沿线文化墙、文化广场建设。

◉ 基层党组织建设

加强党总支班子　为改变“三无村”（农村无农业，农民无耕地，农转居无工作）状况，2002 年 5 月乡党委对高碑店村党总支领导班子进行调整，将时任兴隆公园党支部书记支芬调任到村任党总支书记。班子调整后，党总支一班人不断提高做群众工作的能力、科学判断形势的能力、处理复杂问题的能力、带领群众致富的能力；不断完善党内制度，增强民主决策能力。凡是涉及全村重大问题、5000 元以上开支、群众敏感问题，先由“五委联席会”（村委会、老干部监督协调委员会、党员议事委员会、群众民主评议委员会和村民质询委员会）讨论酝酿后，再由党总支研究决定；坚持制度管理人、制度监督人、制度考评人。制定“三情一公平”（对待工作有激情、对待群众有热情、对

在村内开展党员联系户活动

待家人有亲情，处理问题要公平）制度，完善党员干部联系制度，制作、发放“党员干部连心卡”，拉近党员和群众距离。

经济结构改制 高碑店村1993年停止审批房基地。1998年，开始陆续撤销高碑店一队、高碑店二队、高碑店三队、高碑店四队、高碑店五队生产队建制，生产队资产及财务，实行村级统一规范管理。

2001年10月，高碑店村农工商分公司转为经济实体，其行政管理职能交由村委会行使，实行政社分设的管理体制。

村党总支调整后，对村产业结构进行调整，逐步向适应市场需求、符合城市化进程要求方向发展，在发展第二产业的同时，利用绿化隔离地区建设的机遇，形成以房地产开发为主导的第三产业，带动建筑材料、物业管理、社区服务等相关产业发展。2004年，根据朝政发〔2004〕15号文件，高碑店村集体土地可以作为改制后的集体经济组织的基本股，不具体到每个集体经济组织成员。

行政体制改革 2005年9月，根据朝社批字〔2005〕10号文件，高碑店地区（乡）成立社区建设协调指导委员会，高碑店村设立分会，指导成立高碑店西社区、高碑店东社区。11月，建立社区党委，选举产生社区居民委员会。全村强化三大产业辐射效应，确立经济可持续发展的长效机制。确立在通惠河两岸发展民俗文化旅游产业，古典家具一条街品牌被北京市商务局正式命名为“北京市特色商业街”。为建立社区党建、居民服务、城市管理、社区自治“四位一体”的新型社区打下基础。

2006年，高碑店村被列入北京市社会主义新农村建设试点村和通惠河滨水文化营规划。

明确发展定位　村党总支把古典家具和民俗旅游文化作为村庄发展的龙头产业，借助千年古村的深厚底蕴，按照“合理改造，盘活资产；合理规划，形成规模”的思路，通过升级改造街面店铺、召开古典家具展示会、成立古家具协会，树立“老的是珍品，新的是精品”经营理念，拉动村古典家具产业的发展，原有 30 余家商户的小街，发展到长 1800 米、经营面积 18 万平方米，拥有 400 余家古典家具商户的一条街，云集全国能工巧匠，产品远销海内外，形成集收藏、修复、设计、制作、展示、销售古典家具和家居文化交流于一体的“北京市特色商业街”。

改善居住环境　2003 年进行全村整体规划，2006 年高碑店村被确定为北京市首批新农村建设试点村，2009 年决定以西社区为试点，启动旧村改造工程。2016 年新农村建设涉及院落 1850 个，村民 3720 户 6123 人，90% 改造完毕。

建立生活保障　村党总支开展各种惠民工作，为全村劳动力全部办理社会保险；对患重病的村民给予 3000 ~ 5000 元一次性补助；成立村爱心公益服务站、残疾人活动中心。扩大就业，成立物业公司、绿化队、保洁队等专业组织，安排 600 余人就业。与辖区企业建立联系，全村劳动力全部得到安置。增强全村敬老爱老意识，长期免费为 118 名 80 岁以上长寿老人送豆浆。

老人每天一杯豆浆

正村风、清民风　村党总支以弘扬和传播中华民族的传统文化，建立和谐村风、淳朴民风为抓手，开办人文大讲堂、知识大课堂，组织社区居民学习《弟子规》，学习身边人、弘扬雷锋精神，学习科学、法律知识，提倡为民服务，提振干部精神，鼓舞工作干劲；组织参观“孝悌园”，开展以“孝”“礼”“信”“善”“义”为主题的“学《弟子规》做孝道青年”征文宣讲活动，让高碑店村人“乐善、好施、齐心、互助、讲理重情、讲文明礼仪”的美德得到传承。

◉ 平安村庄

高碑店村的平安村庄建设是在村党总支、村委会的领导下，依靠自保会等自治组织和群防群治力量来完成的。

建立联防队 1982 年，村以公安机关为主，群众组织为辅，开展村域社会秩序维护工作。1983 年，村为配合公安机关开展第一次“严打”，从村办企业抽调人员参加乡联防队工作，加强重大节日值班巡逻、单位巡控，预防刑事、治安案件发生。1989 年，乡联防队对村治安管理实行联防队包片分段管理制，联防队员在村里大街小巷昼夜巡逻。主要加强对外来人口和出租房屋的管理，配合公安开展除“六害”工作，发动群众揭发检举、查抄赌博活动；加强市场管理，保护合法，取缔非法，打击犯罪，清除自发市场。2004 年，村建立巡防中队，统一着装、统一标识、统一管理、统一指挥、统一协防、统一考核，实行准军事化管理。2016 年，乡对联防队员进行整合，高碑店村增加 20 人的村联防直属队，规范规章制度，强化治安管理力度，在四个社区实行分区承包、责任到人的治安防控措施。

巡防队员

治安监控室

安装技防设备 2001 年，乡、村共同投资 63 万余元，在村主要道路、重点地段安装探头，多方位、多层次进行社会治安综合治理工作。2002 年，乡、村投资 70 余万元安装电子监控系统，提高科技防范能力。以乡综合整治领导小组为核心，建立起派出所、社区保安队和村联防队三位一体的防范网络，刑事发案率做到稳中有降，群众满意程度有一定提高。

开展群防群治 2003 年，村组建治保积极分子队伍。2004 年，村与辖区单位签订社会治安综合治理责任书，明确各单位的工作任务和责任，在全村实行综合治理群防群治工作。2006 年世青赛、中非合作论坛北京峰会期间，2007 年奥运会测试赛期间，2008 年奥运会期间，村组织小区物业公司、社区干部、治保积极分子检查消防设施，对容易发生火灾事故的人员密集场所（商场、市场、宾馆、饭店、网吧等）、仓储企业、危险化学品企业进行联合大检查。对全村常住人口、流动人口、房屋、社会单位情况建立起数据库，实行电脑管理。

建立安全机制 村围绕“平安高碑店”目标，建立健全村巡防分队及安全巡逻制度，以建立“三站两室”（警务工作站、巡防工作站、流动人口管理服务站，民调室和监控室）为契机，健全各项社区服务管理机制。组织大型联合安全检查，签订安全隐患整改通知书、食品安全责任书等，为村民营造安全稳定的生活环境。2009 年，围绕“平安国庆”工作目标，全村开展平安村庄建设。通过全员发动，开展矛盾纠纷排查化解、安全生产和消防隐患检查整改、治安重点地区及突出问题等专项治理和压发案等专项行动，实现“大事不出、小事减少”目标。2010 年，建立完善矛盾纠纷排查、预警、调解、处置机制，推广信访代理工作，化解各类矛盾纠纷，成功率达 98%。2013 年，针对域内案件高发的实际情况，村成立压发案工作领导小组，组织治安力量对案件高发时段、地区实施 24 小时不间断巡视。2016 年，联合检查消防安全和安全生产 77 次，发放宣传材料 10024 份，对存在安全隐患的单位、个体均下达整改通知书。村发挥信息员、和事佬民生公议协会作用，多元化调解矛盾 25 起，成功率为 100%，被地区办事处评为“六五”普法先进单位。

◉ 文明村庄

高碑店村的文明建设起步较早，在改革开放初期大队就以村规民约为主要形式，对村民进行道德教育。成立宣传队到田间村头表演宣传毛泽东思想，宣传党的路线方针政策，宣传社会主义制度的优越性，引导村民树立文明健康的思想意识。

“五讲四美三热爱” 1983 年，高碑店村按照中央决定和各级部署，安排全村“五讲四美三热爱”活动。落实大队将“五讲四美三热爱”与抓卫生、植树造林等工作有机结合起来的精神，大搞卫生，植树造林，使全村卫生面貌发生明显变化。还将“五讲四美三热爱”活动与“学雷锋”活动结合起来，帮助军烈属，开展义务理发，建立文明街、文明厂，大量种植蓖麻等。通过制定文明公约，增强邻里团结，家庭和睦，树立良好社会风尚。

“门前三包” 1987 年，根据乡统一部署，开展争创文明单位，落实“门前三包”（包环境卫生、包绿化、包秩序）工作。村投资 71.1 万元用于修路及公共设施，动员群众清理街巷堆物堆料，改善卫生条件。要求村办企业把各种材料堆放整齐，规范职工操作规程，减少安全事故。村包镀厂建成“花园式企业”。1988 年，村把绿化高碑店路作为重点，“门前三包”向深度发展，净化、绿化、美化工厂环境，保证生态平衡，促进农业生产良性循环。初步实现树成行、花成片、三季有花的要求，80% 单位达到文明单位标准。

“文明村” 1992—1996 年，村贯彻乡党委“两手抓”方针，在搞好经济建设的同时，开展精神文明创建活动。围绕“建首善、创一流”工作目标，以创建文明社区、文明行业为重点，深入开展群众性的精神文明创建工作，开展爱国主义、集体主义和社会主义教育，做文明市民、创文明单位，开展“首都文明公约”宣传活动。1998年，村投入财力和物力，加强基础设施建设，提高“文明村”建设的整体水平，被评为“区级文明村”。2007年，村被评为“首都文明村”，古典家具一条街被评为“首都文明示范街”。

“五好家庭” 2002年，村委会为提高村民整体素质，在宣传《首都市民文明公约》的同时，开展“五好家庭”“卫生之家”“文明楼院”的评比活动。举办“爱我家乡、爱我朝阳”等大型宣传活动，促进村两个文明建设发展。2004年，按照《公民道德建设实施纲要》，加强流动人口“三德”（社会公德、职业道德、家庭美德）教育和法制教育，鼓励合法经营、文明经商、遵纪守法，推动“诚信高碑店村”建设。2005年，村、社区以市民文明学校为载体，开展社会主义、爱国主义和社会公德、职业道德、家庭美德以及“讲文明树新风”等系列教育活动，如“引领成长、塑造未来”青少年教育、“携手同行、共筑社区，走进流动人口驻地活动日”、学习贯彻《公民道德建设实施纲要》等活动，加强村民道德建设，修订《村规民约》，开展公民道德实践活动。年内，周丙林、徐银、李连长、吕金波、吴小军、吴桂珍、刘金福、吴秀琴、陈宝兰、王永禄、刘宏远等家庭获北京市朝阳区“五好家庭”称号。

清洁村庄 2002年年底，村党总支清理村内各户门前的堆物堆料，建立和完善定时定点倒垃圾、“门前三包”、文明养犬、厕所专人管理等多项长效管理制度，实现垃圾日产日清，使村容村貌大为改观。投入资金1021万元，出动车辆180台次，治理1800米的通惠灌渠。党员干部带头拆违建，并以“以树代墓”方法解决393座坟的整改问题，在通惠灌渠岸旁建立松柏佳园，以长青松柏代替坟头，得到村民支持和响应。整治后的灌渠，水清、岸绿、路通、灯亮，成为村民休闲的好去处。同时也为招商引资提供了良好的环境保障。

通惠灌渠治理前（一）

通惠灌渠治理前（二）

通惠灌渠治理后（一）

通惠灌渠治理后（二）

多彩文化 2012 年，高碑店村把恢复和传承民俗文化作为一项重点工作。先后开展漕运庙会、元宵灯会、端午民俗文化节、中元节等传统民俗节庆活动。2013 年，村组建百人腰鼓队、合唱队，开展秧歌、交际舞、武术扇、广场舞、端午节包粽子比赛，用积极的生活态度表达喜悦的心情和多姿多彩的生活。5 月 10 日，首届朝阳区老年文化体育节暨朝阳孝亲敬老节在高碑店村漕运文化广场启动。5 月 21 日，高碑店村老人和山西省侯马市张少村 300 位老人在漕运文化广场举行“手牵手心连心”联欢。8 月 1 日，第六届中国工艺美术大师优秀作品展在国粹苑开展。2014 年，村举办“二月二”民俗文化节、端午节包粽子比赛活动、五月欢歌合唱比赛活动等，特别是在五月欢歌合唱比赛活动中，高碑店村委会百人合唱团、高碑店东社区向阳花合唱团、高碑店西社区映山红合

腰鼓队表演

唱团三支队伍分别获决赛一等奖、二等奖和三等奖。2016 年，高碑店村先后会同北京民俗博物馆、高碑店地区办事处、高碑店中心小学、育灵童教育集团等单位在漕运文化广场举办元宵灯会展、“二月二”民俗文化节和端午民俗节活动，民间花会、腰鼓、舞龙、舞狮、中幡、高跷等表演和包粽子比赛等节日活动，得到百姓的积极响应和参与，引起北京电视台等多家媒体关注。

高碑店各协会一览表

表 2

协会	成立时间	职能
老干部协会	2003 年	党支部、村委会的智囊团，负责议论、审议全村的重大事项和重要决策，并提出合理化建议
和事佬民生公议协会	2007 年	由在村内有威望和群众基础的会员组成，主要负责调节村民纠纷，及时反馈村民关注的热点、难点问题和各种舆情信息
巧媳妇协会	2007 年	负责民俗手工艺品、民俗小吃制作人的组织和管理工作，定期组织会员开展学习和交流，开发旅游纪念品，带动村民自主创业
民艺文体协会	2007 年	掌握村内文体资源，拓宽文体渠道，沟通文体信息，看护文体设施，调动并指导文体队伍参加活动
书法协会	2008 年	负责组织各种书法学习交流活动，为长寿老人和困难家庭撰写春联，为居民开办免费书法培训班，为社区开展活动撰写横幅、书写板报

高碑店村民间艺术社团、队伍一览表

表 3

社团、队伍名称	成立时间	人数	发起人	特色 / 荣誉
高碑店高跷老会	1886 年	35	张家斌	一般的高跷是 12 人表演，高碑店村的高跷是双角色 14 人表演。1949 年后数次表演，在各类比赛中获得好成绩。2003 年第三次重组后，四次走出国门表演。2009 年被列入北京市非物质文化遗产
高碑店工学服务团小剧团	1946 年	—	王润黎	在土地革命、解放战争时期，起到宣传作用
小车会	—	33	—	高碑店小车会成立时间较早，但当时没有形成规模，几次解散，几次重组，最后一次重组在 2000 年，由杨艳茹发起
百人腰鼓队	2004 年	200	胖希芬	腰鼓队为村民自发组织的群众文体活动队伍，参与率高，老少皆宜
菊韵京剧社	2004 年	25	张爱革	代表剧目《铡美案》在朝阳区“社区一家亲”戏曲大赛上获二等奖，《空城计》在北京市“椿树杯京剧票友大赛”上获二等奖，2009 年荣获市、区京剧票友大赛的二等、三等及优秀表演奖，2016 年在中国天津第十三届“和平杯”京剧票友邀请赛获得一等奖及“十大名票”称号
威风锣鼓队	2004 年	42	王凤琴	威风锣鼓队声势浩大，受到村民的喜爱，是高碑店村各项民俗活动的重要表演项目

链接：高碑店污水处理厂

1993 年 10 月 24 日，高碑店污水处理厂一期工程竣工投产，处理能力 50 万立方米／日。采用传统活性污泥二级处理工艺。污水处理设施主要包括格栅间、进水泵房、曝气沉砂池、初次沉淀池、鼓风机房、曝气池、二沉池等；污泥处理采用两级中温厌氧消化工艺，消化后经脱水的泥饼外运处置。1999 年年底二期工程竣工投产，处理能力为 100 万立方米／日。高碑店污水处理厂污水系统流域面积 96 平方千米，服务人口 240 万人，汇集北京市南部地区的大部分生活污水，东郊工业区、使馆区和化工路的全部污水，占地面积 68 公顷，在高碑店村占地 227783 平方米。2012 年 3 月开始对原有污水处理和污泥处理

高碑店污水处理厂

设施进行升级改造，分为再生水利用和污泥高级消化两项工程。其中，再生水处理采用“反硝化生物滤池＋超滤膜＋臭氧＋紫外”工艺，将二级处理出水中残留的有机污染物、悬浮物、氮磷污染物等进一步进行去除，出水水质达到北京市《城镇污水处理厂水污染物排放标准》（DB11/890—2012）中新（改、扩）建城镇污水处理厂的B标准要求，该工程于2016年7月开始投入运行。污泥处理采用世界先进的“热水解＋厌氧消化＋板框脱水”工艺，将污泥中病原菌杀灭，有机物降解率大于40%，产生的沼气通过沼气锅炉、沼气发电为生产提供热能和电能，从而实现污泥的减量化、稳定化、无害化和资源化目标，该工程于2016年年底全部投入运行。

◉ 社会保障

养老保险 高碑店村新农村养老保险是在农村养老政策不断发展、不断完善的基础上发展起来的。1962年，村对无依无靠老人实行保吃、保穿、保医、保住、保葬制度。20世纪80年代，公社建立敬老院，村部分五保户开始入住敬老院。为未入驻敬老院的五保户建卡并实施救助。改革开放后，随着集体经济不断壮大，高碑店村统一实行老社员退休制度，以保障农民的晚年生活。2005年，村党总支、村委会落实市政府《关于本市建设征地农转工自谋职业人员社会保险有关问题的处理办法》指示精神，解决失地农民的基本养老保险问题。

办理社保

2012年，全村居民养老保险参续保率达100%，城镇低保户、生活困难户和农村低保户全部实现应保尽保。

2013年，为提高老年人生活质量，关爱老人身心健康，落实好北京市九养政策，为超转老人办理煤火费补贴，为132名80岁以上老人送去豆浆粉2899袋，投入资金47826元，为30名持老年人优待卡人员领取2.86万元物品，为老人办理老年证、优待卡，为老人申请安装厕所扶手、按铃等服务工作。

2016年，走访慰问9位高龄老人，发放慰问金9万元。走访慰问老干部、老党员27户，购买0.67万元慰问品。为143位80岁以上老人发放豆浆粉3342袋，投入资金6.95万元，为高龄老人发放8.4万元的慰问品，爱心超市救济34户困难家庭。

2012—2016年高碑店村养老保险办理情况统计表

表4

单位：人

年份	人数
2012	302
2013	288
2014	271
2015	144
2016	120

2001—2015年高碑店村农民退休费及福利统计表

表5

年度	退休费（元）	大病补助		大学生奖励	
		人数（人）	金额（元）	人数（人）	金额（元）
2001	200	—	—	—	—
2002	215	—	—	—	—
2003	260	—	—	—	—
2004	300	—	—	—	—
2005	330	—	—	—	—
2006	365	2	13000	—	—
2007	405	3	16000	7	8000
2008	605	4	16000	14	25400
2009	755	5	17000	14	19200
2010	830	3	11000	18	46000
2011	910	16	54000	19	44000
2012	960	7	22000	13	28000
2013	1000	26	103000	14	35000
2014	1060	22	76000	24	56000
2015	1350	5	30000	15	33000
2016	1400	5	40000	28	73000

群众领到爱心救助卡

为困难家庭发放爱心卡

居民最低生活保障 1997 年，实行城镇居民最低生活保障制度后，为本村人均月收入低于 190 元的残疾人、困难户办理最低生活保障。2007 年，经社区入户调查，高碑店地区办事处帮扶小组评审，确定高碑店村帮扶对象，建立以最低生活保障制度为基础，专项救助配套、应急救助和社区互助为补充的救助工作体系。2009 年，建立爱心超市爱心卡救助方式，为低保老人办理助老慈善医疗卡。2013 年，以最低生活保障为基础，各类辅助救助政策为补充，创立困难人员回馈品牌，对不符合救助的困难家庭采取慈善救助、爱心超市救助等多种方式进行互补救助。强化社区横向联系作用，取长补短，无缝对接弱势群体的服务需求，实现社会保障"全覆盖""无遗漏"。

2016 年，春节、中秋节等节日期间走访困难家庭 54 户，发放慰问金 5.4 万元；爱心超市救助 34 个困难家庭。

党总支委员慰问 90 岁以上高龄老人

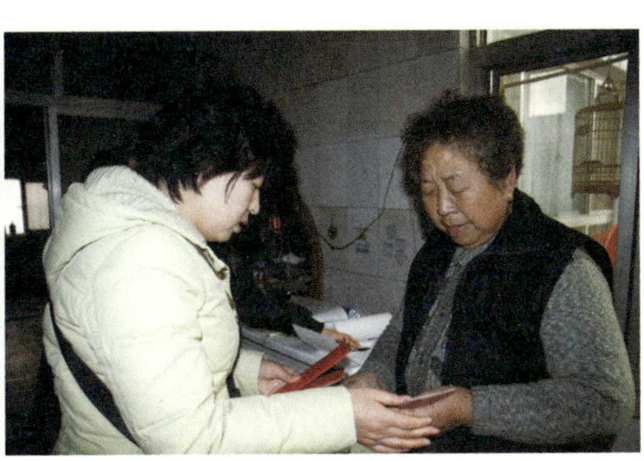

慰问重大疾病患者家庭

农村居民医疗保险 1997年，按照市区农村合作医疗工作会议精神，为实现人人享有卫生保健，村建立和完善合作医疗为主的农村医疗保障体系。根据《高碑店乡合作医疗管理办法》，村委会制定管理办法，成立领导小组，建立起合作医疗制度。年底实现合作医疗人口覆盖率100%。

2005年1月1日，开始推行新型农村合作医疗（基本医疗）制度。根据《2005年高碑店乡新型农村合作医疗管理办法》，村基本医疗参保率90%，解决了农村百姓看病难问题。

2012年，村新农合参合率99.40%。在基本社会保障方面，为679位农民缴纳农村大病统筹合作医疗保险92830元，报销药费30余万元。

2013年，为去世的高龄老人家中送去花篮，使社区特殊人员及时享受到各种优惠政策。为确保村民保险不断档，落实好奖励政策，全年新农合参保人数532人，收缴个人基金80520元，村负担116180元。基本医疗报销花费总金额643052.19元，报销金额340501.26元。

2014年，为478人办理新农合，收缴个人基金72000元，集体上缴104720元，为329人报销206595.72元的医疗费。

2015年1—4月，为缓解在职职工患病住院的经济负担，为辖区职工投保在职职工住院保险，解决其后顾之忧。全年为全村431人办理农村合作医疗，实施药费二次报销。年内一次报销18.67万元，二次报销12.3万元。

2016年，为村405人办理农村合作医疗，村统筹支付8.8万元，合作医疗二次报销13.3万元。

2009—2016年高碑店村新农合情况统计表

表6　　　　单位：人

年份	人数
2009	1349
2010	752
2011	741
2012	379
2013	532
2014	478
2015	431
2016	405

村域经济

从脚力、养鱼卖鱼的传统经济到现代化集体经济，高碑店人经过一代又一代的努力，作出了巨大的牺牲，同时也为村庄的发展提供了一次又一次的机遇，取得了一个又一个的辉煌成绩。昔日的漕运码头、养鱼坑成为现代的旅游休闲景点，原始的小店铺演变为一个个现代化企业，集体经济从无到有，并不断发展壮大。到 2016 年，全村实际收入达 41.3 亿元，繁华的、现代的社会主义新农村呈现出勃勃生机。

昔日的船夫、脚力，今天工厂职工这鲜明的对比，衬托出高碑店村经济繁荣昌盛，人们生活正好比芝麻开花节节高。

◉ 经济模式

脚力挣钱 “水上运输”和“装船卸船”是高碑店人最早的经济来源。自从通惠河修成，漕运开始，郊亭闸需要装船卸船的脚力，而高碑店村人近水楼台，靠此营生使得村庄迅速兴旺起来。官方的运粮船一靠岸，船家抛绳系缆，将船停稳，便有验粮官上船验货，察看品级，点清数目，为船家开具凭证。负责倒运的役夫便召集脚力卸船，脚力们上船解开固定粮袋的绳索，分船头、船尾两组卸船，以保持船体平稳。

装卸船的脚力有自己的组织，一般是以一个村庄为一个群体。30 余人一组，个子高、臂力强的负责卸货，其余人负责扛粮食。船上负责卸货的两个人，两双手朝粮袋的四个角使劲一抓，每只手连同粮袋握住一把米，一声闷哼，两人共同用力，粮袋被高高抬起，扛粮食的人按顺序迅速转身弯腰退到粮袋下面，一低头，一弓腰，用双肩将粮袋顶住，挺腰提腿，扛起粮袋就走。下船，登岸，上台阶，转过闸基，再到闸上码头。闸上停着许多等待运粮进京的空船，闸下粮船靠岸，闸上空船已准备好按顺序接货。扛粮袋的脚力到闸上码头上船，侧身，拧腰，将粮袋准确地扔到指定位置，一袋粮食的倒船任务完成。扛粮袋的脚力进入闸上码头之前先要转过一个亭子，在亭子的窗口领一个号牌，一袋粮食一个号牌，一天结束，凭号牌的多少发放劳务费。装船、卸船的劳务费，依据船位吨数的大小由官家另付。劳务费一天一清，没有拖欠。官方关心的只是货物的倒运，其他一概不问。谁要是急等用钱，到平津闸扛几天粮食，只要有力气，日头落山，保证该拿的钱到手。这样日复一日，直到光绪二十六年（1900）漕运停止之时。

以渔为生

漕运停止以后，高碑店村的大多数人就以渔行为业，以渔为生。养鱼、打鱼、挑鱼、卖鱼、贩鱼，渔行成为村民最重要的生活方式和经济来源。高碑店的渔行在北京城里最为出名，过去北京城卖鱼的绝大多数都是高碑店人。大到西河沿的鱼店，小到走街串巷挑“八根绳”卖小金鱼的，都有高碑店人身影。

养鱼 明清漕运时期，高碑店村里人不能在河边挖鱼塘。漕运停止后，平津上闸河面很宽阔，蓄水能力强，一到雨水季节，自西向东河道里鱼都随着水跑到这里。高碑店人就利用这样得天独厚的条件，在河岸边挖出一个个鱼坑来养鱼。从花园闸的东湾子到上闸的鸭窝滩子的水面，还有龟石坝的“莲花池”水面，都是鱼坑。在高碑店村里，有 4 个天然鱼坑，分别在周文惠家旁边、张德宽家旁边、陈实家旁边和肉杠张家旁边。

高碑店村人在鱼坑里主要混养草鱼和小金鱼。草鱼鱼苗是从外地买来的，小金鱼鱼苗是自己村里分的。喂鱼时只喂草鱼，小金鱼吃草鱼的排泄物。秋后天冷时，养鱼的人就开始每天打草喂鱼。小雪、大雪节气之后，就把鱼苗分着撒到每个坑里。开春时，就放一些杂草、青草喂鱼，这些鱼到中秋节时就能卖了。

打鱼 渔户大多在城里有自己的鱼店，等鱼快要上市时，就雇人来村里鱼坑淘水、清塘、摸鱼、打鱼、挑鱼等。一降露水，就下水摸鱼，这时鱼游动比较缓慢。摸鱼的人把网兜系在腰上，下水用手摸，天气越冷、水越凉，鱼就越好摸，有时比用旋网打鱼还快。“摸上来的鱼，网打不上来；网打上来的鱼，摸不上来。”这成了一条规律。网鱼最有名的是网周家。网周家在河里拉大网捕鱼，高碑店周围乡村有大坑、池塘的也请他家去网鱼。

挑鱼 鱼打上来后，还要把鱼送到鱼市场去。那时除了有人骑自行车驮鱼送到前门鱼市场外，大部分人还是挑担子去鱼市场。在挑鱼的路上，人还得隔一段时间就给鱼换一次水。高碑店有这样一句顺口溜："榆木扁担，杉木筲，龇牙咧嘴往西挑。"这一担鱼八十来斤，再加上水就有了一百二三十斤，需要很强的体力。挑鱼人从村里出发，走到东便门。等城门开了，然后再挑到鱼市场。那边买鱼的人多，鱼卖得快。

民国时期，前门西河沿鱼市场是北平唯一的鱼市场总批发点。除此之外，高碑店村人卖鱼的市场和摊位扩展到东单、西单、东四、西四、广合、北新桥等处。当时高碑店人开的大型鱼店有：前门西河沿"周记"鱼铺、"振兴"鱼店、"双兴"鱼店、"元兴"鱼店；东单牌楼"两合"鱼店；东四牌楼"大成"鱼店、"珍记"鱼店、"张记"鱼店、"李记"鱼店。

西河沿鱼市场的鱼既有河鱼也有海鱼。像草鱼、鲤鱼、厚鱼这类河货都是高碑店村人自己鱼坑里养的，而海黄花鱼、对虾、螃蟹等海货则是从天津塘沽收过来。西河沿鱼市场共有38家鱼铺，市场里高碑店村人居多，讲行规行话。卖鱼讲价钱时说：斜、为、巴、离、工、雍、中、太、慈，对应的是一、二、三、四、五、六、七、八、九，说"老斜"就是"一元钱"的意思。不是高碑店村人，听不懂这些行话，不懂行话的渔户，到高碑店人的鱼店买鱼，价格自然就高。

渔行在高碑店村中有着重要作用，村里许多活动都离不开渔行支持。一般村长是城里渔行公会会长，并且高跷秧歌会走会时所需经费都要到城里找会长和鱼店掌柜资助，如北平渔行公会会长周文惠的"元兴"鱼店，常为高跷会提供资助。

贩鱼 高碑店村以渔为生的人多，但有鱼店、鱼坑的大户人家并不多。村里普通人家的男人们大多是"挑八根绳"的小贩，挑着趸来的货到前门大街、广渠门小胡同里转悠着卖，挣些零钱。解放前，挑担子的小贩大多肩上担根扁担，前后挑着两个筐，每个筐拴有四根绳，加起来就是"八根绳"。高碑店挑"八根绳"的小贩与别的地方不同，他们根据时节和老北京人的需求，卖的都是水产品，像小金鱼、海鱼、蝌蚪、对虾、熟咸螺蛳等，其中最有名儿的就数小金鱼。

高碑店村的小金鱼不是那种大眼泡的金鱼，而是草金鱼，色彩漂亮，招人喜欢。小金鱼刚开始孵化，呈现出黑色，太阳一晒就变成红色了。过两三年，金鱼就成熟了。当时城里很多人家喜欢高碑店的小金鱼。腊月十五到正月十五是小金鱼的上市季节，能卖个好价钱。此时，卖小金鱼的人就会到高碑店村趸鱼。当时，挑担子到城里胡同卖小金鱼只是穷人家的营生。他们到渔户那儿买鱼苗先赊账，等卖掉鱼后再把钱还上，要是赔了，也不用急着还账。当时很多人都靠这个赚钱，买点玉米面吃。这些人中，有十来岁的小孩儿，也有六七十岁的老人。

集体经济 1958年，朝阳区开始合乡并社，成立幸福人民公社，实行政社合一，社员主要种植粮食与蔬菜。粮食以小麦为主，蔬菜以大白菜为主，畜牧业以饲养肥肉型生猪为主，副业、服务业等围绕农业生产进行。

“文化大革命”期间，农村实行按人定量和工分考核相结合的分配办法，分配对象以粮食和现金为主。分配中注意分配与积累关系，分配粮食在完成国家征购，留足种子、饲料、机动粮、储备粮之后进行。1965年人均分配粮食103.95千克，现金81元。这时，村里有鱼塘50余亩，千头养猪场一个。1970年人均分配粮食105.1千克，现金92元。1970年后，村组建起砖厂；同北京玉器厂合作新建起玉器加工厂，开展来料加工；在区、乡两级支农办的支持下，成立三级修瓦网（即后来的冲压结构厂）、玻璃器具厂等村办企业。在“农业学大寨”时期，全村掀起大搞农田基本建设，把大队修建队调整为农田基本建设专业队，全村瓦工、木工及各类人员全部转为农田基本建设专业队队员，深入田间地头，开展以平整土地为中心的农田基本建设。通过平整，使全村2000余亩耕地相对集中成66块大小不一的地块，大块地在90~300亩，小块地在8~40亩（主要是园田），为提高单位面积的产量和产值，提高每亩地的经济效益打好坚实的基础。

中共十一届三中全会后，高碑店村贯彻改革、开放、搞活方针，实行各种形式的联产承包责任制，推广农业生产专业化和适度规模经营，农业开始向专业化、商

人民公社时期学生们收割小麦

人民公社时期生产队公共食堂

品化、现代化发展。村改变“以粮为纲”单一经营模式，“农、林、牧、副、渔、工、建、运、商、服”十业并举，综合发展。1980年根据辖区农村自然资源、自然条件和生产结构、生产特点的农业分布状况，村被北京市朝阳区确定为小麦、玉米种植区。第三产业主要有高碑店商店以及修车、服装、理发等店铺。1983年后，高碑店村的耕地逐步被京沈铁路、京通快速路、五环路、华能电厂、北京市高碑店污水处理厂、高压线路等国家和市政重点工程征用，村域1107亩土地中，绿地面积300亩，企业用地440亩，耕地仅占33%。1983年高碑店村人均占有土地只有1.1亩；1986年人均分配粮食114.7千克、现金968元。粮食单产出现过全区最高产地块——大洼地，每亩小麦单产527.5千克，蔬菜单产5吨以上，生猪品种出现了三元杂交猪（瘦肉型）。河鱼产量多年居朝阳区前列。采取以农促工、以副养农、以工补农的良性经济结构，村级企业大力发展，先后建成粮油机械加工厂、电镀厂、磨光厂、冲压结构厂、塑胶厂、外掺剂厂、建材油漆化工商店、医疗器械厂、高聚实业公司等企业。调整农业内部生产结构，成为首都副食品生产基地。以市场为导向，调整产品结构，农业由过去单纯生产初级产品，为食品加工提供原材料，向农产品加工、增值转变；工业企业由原来农机具加工维修发展到产品制造，有的产品达到市优、部优标准，有的销往国际市场。

1990年，区政府对全区农业区进行调整，高碑店村被划分为城乡服务绿化保留菜田地。城乡建设速度加快，土地资源继续减少，人均占有土地0.05亩，出现了“有农村无农业，有农民无土地，有居民无工作”的局面。基于这种现实，高碑店村民开拓思路，身兼农民、渔户、生意人等数种行业职能于一身，抓住机遇，对生产结构和生产方式进行调整，使农民收入不断提高。1995年，高碑店村确定为城市过渡区，农田小而分散，重点发展第三产业，促进农业和第三产业紧密结合。农民收入以现金、粮食、实物为主，人均分配现金4250元。

1996年起，京通快速路、城铁八通线、广渠路、四环路、五环路陆续开通，北京商务中心区（CBD）的建立，为高碑店村的发展带来机遇。高碑店村利用古典家具产业基础，挖掘历史文化资源，发展文化产业，并逐渐聚集二三十家古典家具商户。

高碑店村具有良好的基础设施和投资环境。完善的基础设施建设，良好的生态环境，是招商引资的前提，也是文化产业发展的客观需要。2003年，高碑店村委会提出“以绿制脏”环境治理方案，开展一系列基础设施建设和环境治理活动，为经济发展奠定基础。2010年，高碑店村初步形成古典家具街、民俗文化园、中医药港基地“三足鼎立”产业发展格局。2011年，全村的总收入25.5亿元，上缴利税4647万元，农民的生活水平大幅度提高。

2012年，高碑店村全年经济总收入28.05亿元，总利润1.305亿元，总税金5166万元，租金和物业费完成3500万元。经济增长，带动村民生活水平的提高，农民退休费增长到近1000元，职工工资增长到1600元。

2013年，经济收入31.18亿元，总利润1.45亿元，总税金5689万元，租金、物业费4000万元。

2016年，实际完成总收入41.3亿元，利润1.81亿元，总税金7150万元。

部分年份高碑店村人均分配口粮、现金统计表

表7

年份	人均口粮（千克）	人均分配现金（元）	年份	人均口粮（千克）	人均分配现金(元）
1958	—	67.00	1973	—	—
1959	—	—	1974	—	—
1960	73.00	67.00	1975	—	—
1961	—	—	1976	107.35	110.80
1962	—	—	1977	—	—
1963	—	—	1978	112.00	63.40
1964	—	—	1979	112.60	99.50
1965	103.95	81.00	1980	112.95	214.00
1966	—	—	1981	113.20	263.00
1967	—	—	1982	112.50	311.00
1968	—	—	1983	114.65	545.00
1969	—	—	1984	114.90	730.00
1970	105.10	92.00	1985	111.95	889.00
1971	—	—	1986	114.70	968.00
1972	—	—	1987	115.00	1060.00

续表 7

年份	人均口粮（千克）	人均分配现金（元）	年份	人均口粮（千克）	人均分配现金(元)
1988	112.75	1260.00	1992	119.00	1772.00
1989	117.30	1303.00	1993	—	2476.00
1990	116.40	1377.00	1994	—	3675.00
1991	114.00	1490.00	1995	—	4250.00

2001—2016 年村主要经济数据统计表

表 8

年度	总收入（万元）	总利润（万元）	总税金（万元）	人均所得（元）
2001	27268	2298	982	12600
2002	34088	2873	1277	16200
2003	48917	3500. 8	1501	19200
2204	99563.5	4201	1800.6	21900
2005	125080	5098	2166	23652
2006	143950	7018	4.88	25601
2007	168035.2	8422.6	3000.7	27660
2008	188000	9180	3300	29878
2009	207599	9994.6	3632.2	32268
2010	223890.1	10500.8	3922.3	34804.9
2011	254939	11877	4647	36540
2012	280500	13050	5166	36717
2013	311791	14492	5689	37829
2014	354734	15951	6324	38963
2015	372471	16749	6641	41418
2016	413000	18100	7150	42800

◉ 古村店铺

商铺 高碑店村后街有200余米长，聚集近20家商铺。从清末到1949年，后街两边由东向西，路南依次有兴隆馆肉杠、天泰恒油盐店、刘记干果铺、裕盛斋饽饽铺、德寿堂药铺、赵记麻铺、孟安的馒头铺；路北依次有王兴烧饼铺、鸿盛永米粮店、大酒缸、张记剃头房、果局子、杂货铺、李记炸货铺、林记茶棚等各类商铺。前街等其他地方还有客店、药铺、煤铺、底作坊、棚铺、烧活铺、轿子铺、茶馆、茶酒馆等。加上走街串巷挑担卖货的、摆常摊儿的，不但本村人的日常生活所需一应俱全，不用出村就能买到，周围村的人也都到高碑店村买东西，而且办红白喜事的轿子铺、棚铺等一应俱全，这里成为方圆十里的商业服务中心。

肉杠 过去的猪肉铺，在肉案之上还有架子，横架上有一根圆木，挂着铁环、铁钩子，整片的猪肉挂在钩子上。卖主在案子上摆好按猪部位分别切割的大块肉。顾客会根

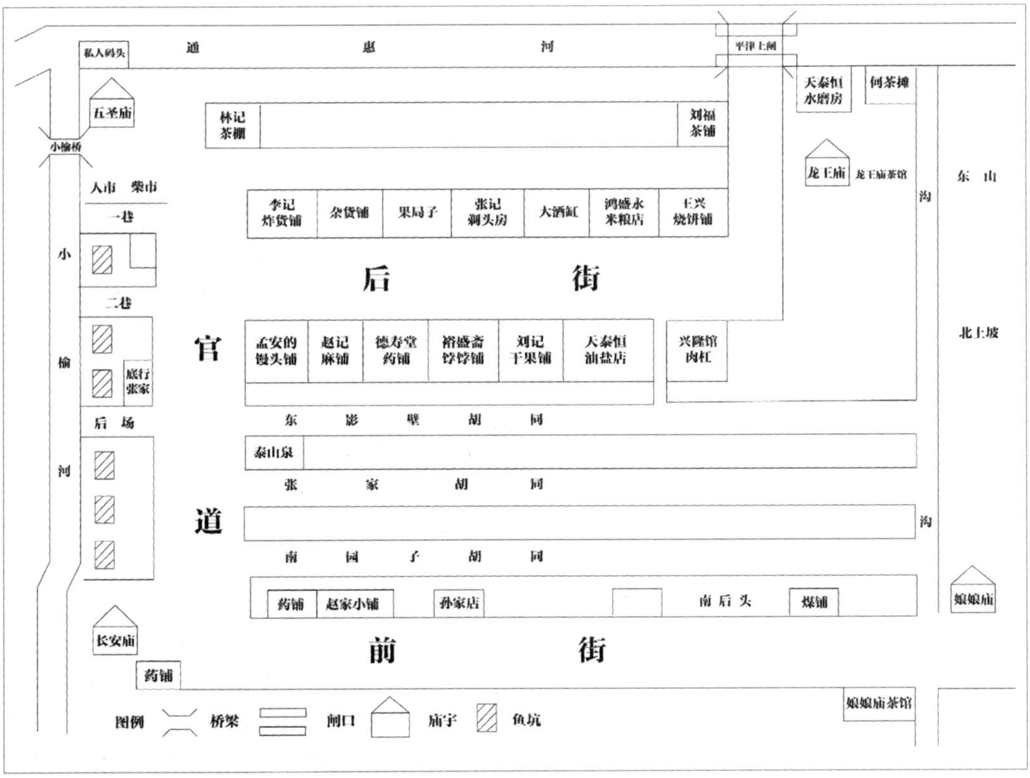

清代高碑店前、后街商铺分布示意图

据不同吃法买肉，肉杠伙计也会根据顾客需求，推荐各部位的猪肉。肉杠也负责加工肉馅，顾客买好整肉，由伙计剁好。民国初期，高碑店的肉杠和城里不一样，都是从各村“合”猪，也就是买猪。谁家猪养好了，都给兴隆馆肉杠留着。铺子专门有一个懂行的伙计负责买猪。买完以后，派两三人赶一架大马车把猪拉回来。宰猪地点在后院东厢房。兴隆馆的猪清理得非常干净，切肉卖肉够分量，客户非常信赖。

油盐店 较出名的是天泰恒油盐店。光绪十三年（1887）已存在，其创始人姓冯，外号“冯秃子”。他最初跟姓刘的、姓谭的两家合伙。光绪二十年，刘、谭两家退股，天泰恒由冯掌柜一人掌管。天泰恒有五间门脸房，面积约300平方米，卖油盐酱醋等调味品，也卖大米、白面、荞麦面、玉米面等粮食。在闸口还有一个水磨房，专做磨米、磨面生意；还有做粉条的粉坊，做点心的饽铺，零售、批发兼营。北京朝阳门外做生意的，都到这里取货。

煤铺 高碑店村耕地少，柴火不够烧。冬天，就要买煤烧炉子、做饭带取暖。最初，本村人王德，在前街开了家煤铺，也卖油盐酱醋、花椒大料、芝麻酱，还带醋坊，人称“醋王三”。他用的字号为“万俱全”，意思是什么都有。后来徐国祥也在前街开了家煤铺口。煤铺的局面小，雇大车到门头沟拉煤，主要卖煤球和劈柴。20世纪40年代，煤铺生意越来越不好，就关闭了。临近解放时，张继先在老闸口开了家煤铺，把煤球装到柳管条双耳筐里，用独轮车推着，送到用户家。

药铺 高碑店有3家药铺，都有郎中看病。村东口有家药铺，主人是东分地的张秉彦。他是中医先生，又行医又卖药，还扎针。三家药铺中，有字号的是德寿堂，在后街路南，挨着裕盛斋饽饽铺。店主清朝时曾在朝廷做过官，后被免职，到此开办德寿堂。德寿堂的药品比较全，后来发展到北京城里的药铺都没有的药，也能在此找到。之后，老中医吕德亮接管了德寿堂，行医看病，直到日本侵华战争爆发时才搬走。前街也有个药

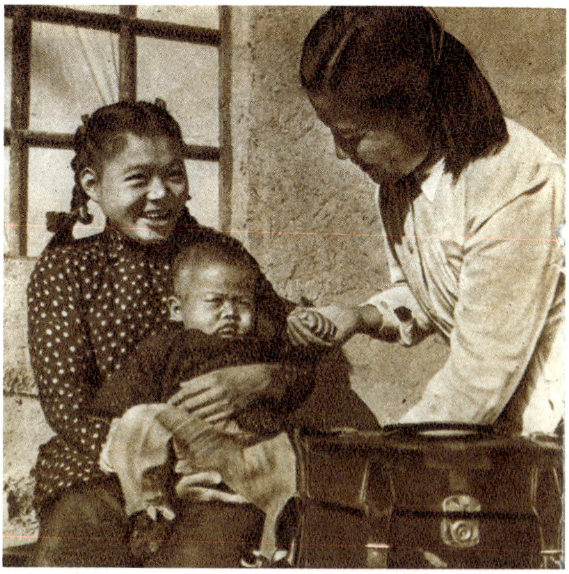

乡村医生入户为孩子检查身体

铺，是李慎言医生所开，也是又行医又卖药，只是没有门脸房。

麻铺、绒线铺 麻铺、绒线铺本是两类生意，在高碑店村里，顾客少，购买力低，麻铺、绒线铺是一家，店主是山西人赵显。他的赵记麻铺有两间门脸房，以卖麻为主，同时还卖丝线、棉线、绒线等针头线脑和顶针、梳头油、雪花膏等日常用品，捎带卖点山货、柳货，像铁锹把儿、扁担、磨刀石、砧板、案板、擀面杖、荆条筐，以及柳条编的大小笸箩、簸箕、箩筐、粪箕子、柳罐等，还卖牲口车的用具和香烟。

果局子 高碑店的果局子既卖果子也卖青菜。果局子卖干果、水果、蔬菜用的秤不一样，有铜盘秤，有笸箩秤，铜盘秤称干果、蔬菜。水果和蔬菜都属于损耗大的东西，果局子使用“九五”秤。

剃头房 剃头房在鸿盛永的西边，是一个姓张的通县人开的，村里人叫他“大张”。他有个兄弟叫“二张”，在二闸剃头。哥俩都是“擦桌子腿儿”出身，也称“拿笤帚把儿”出身，是拜师学徒学出来的。剃头匠主要技能有三种：剃头、梳辫子、放睡（按摩、捶背）。清朝时候，男人梳辫子。客人对辫子有什么要求，是“锅圈儿”还是“大挑”“拐棍”，剃头匠都得能梳编出来。掏耳朵，先用长柄耳勺为客人取出耳垢，再用刀将耳朵眼儿里汗毛刮干净。鼻须、耳朵都修理好，辫子扎好，按摩完才算结束。当时，官府人员也常到高碑店，到大张店里剃头。大张剃头房门前还有个幌子，正中写着“整容”，两边写着“朝阳取耳迎风剃头”。取耳，就是掏耳朵。

底作坊 底作坊为鞋底加工作坊。掌柜接受城里内联昇等鞋店的订货单后，组织村里人加工，然后交鞋店。有时也做加工鞋，就是绱鞋。高碑店的底作坊是在民国初才有的，张家是个老作坊，恩家大儿子开了一个作坊，小儿子开了一个店铺，共3家。

大酒缸 “大酒缸”是人们对以卖酒为主的小酒馆的称呼。高碑店鸿盛永大酒缸为三间门面，夏天门口挂个竹帘子，冬天挂夹板棉门帘，屋里是几个大酒缸，缸盖就当桌面，周围放几条板凳。有个柜台，掌柜的兼账房先生，几个家人帮助照料。这里是穷人的乐园，在呼啸着北风的冬天，掀开门帘进去，一股热气夹着酒味扑鼻而来。大酒缸卖的都是烧酒，俗称白干儿。两杯酒下肚，浑身暖烘烘的。北方天寒，全仗它挡挡寒气。

小客店 随着通惠河漕运的衰落，高碑店村的大车店消失了，民国时期只剩下一家小客店，村里人叫它孙家店。因为这里离北京城只有十来里路，店里经常住一些进城卖豆腐丝的、修鞋的小商小贩。解放前，中共秘密组织进城侦察情况，也会装扮成锔锅锔碗的，在这家店住一宿。

喜轿铺 过去有两家轿子房（或者叫喜轿铺），一家是陈家的隆盛号，一家是孟家的兴顺号，都在高碑店东店。喜事叫抬轿子，丧事叫抬杠。喜轿铺兼办丧杠执事和喜庆执事，不出售任何设备，只是准备旧式红白喜事所用的一切设备，如喜轿、轿围、大红桌围、椅帔、红毡；抬棺材用的大杠、中杠、小杠，各种棺罩以及各种执事。东店这两家轿子房较大，每家都能备上三乘轿。

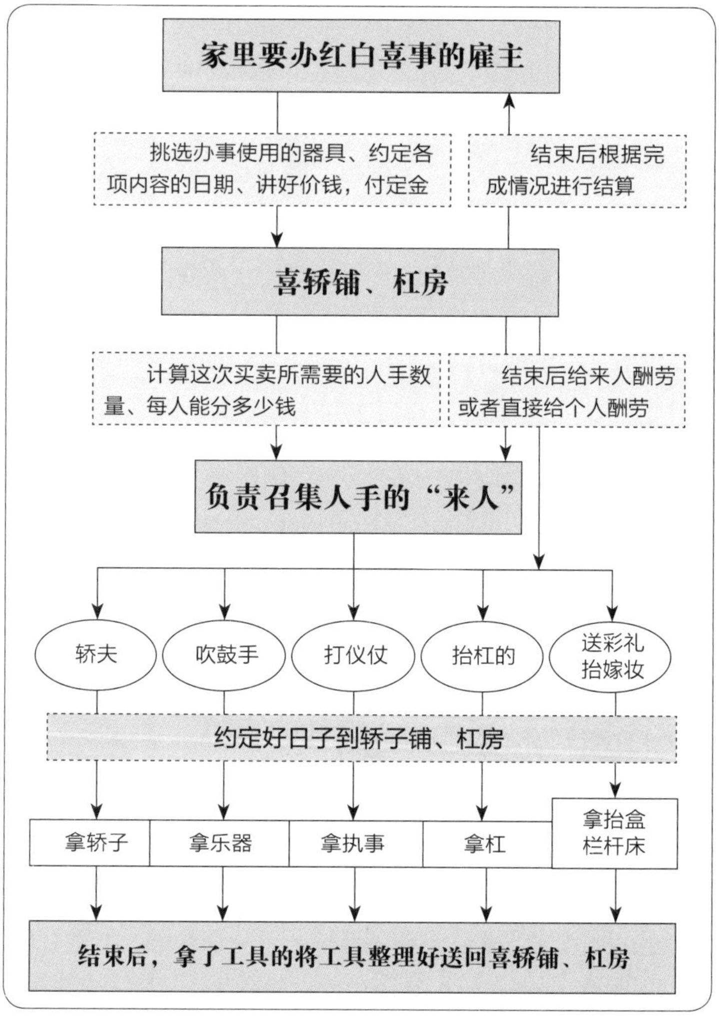

喜轿铺、杠房经营模式图

棚铺 北京人把“红白喜事”叫作“搭棚办事”，棚铺就是专接搭棚这种生意的店铺。棚铺不用招幌，远远望去，院子里立着许多高高的杉篙，就是棚铺。棚铺实际上是租赁经营，不仅要搭棚，办事所用的茶壶、茶碗，座席的桌凳、酒盅、盘子碗筷，都得备齐。高碑店的棚铺是朱星开的，朱星本人就是棚匠，他培养了一两个徒弟。有活儿忙不开的时候，还要单请棚匠。

裱糊铺 老北京的房屋不做木制天花板，一般都是用纸糊顶棚，连墙、窗框、门框都用纸裱糊，这叫“四白落地”。干这活的就是裱糊匠。在高碑店开裱糊铺的是小郑和杜三儿两位裱糊匠。高碑店只是个村子，没有专门的冥衣铺，所以裱糊铺既承接裱糊房屋业务，还承接丧葬纸扎业务。

茶馆

龙王庙茶馆　是高碑店最有名的茶馆，主人是张宝善，位于平津上闸边龙王庙后院东厢房，原名为“花船张记”茶馆。茶馆三间明房，七八张桌子，只供应茶叶、开水，不供应其他商品。茶馆是高碑店人最主要的公共生活空间。地方贤达商议事情，如筹办端午娘娘庙庙会、大秧歌走会等，都到龙王庙茶馆商议。渔户也是茶馆常客，在茶馆打听鱼市行情，交流养鱼经验。在城里做生意的老板，需要雇工帮手，也到龙王庙茶馆。茶馆常客一般都是有产业的人，托他们推荐帮手，更为可靠。龙王庙茶馆具有当地政治、经济、文化交流活动中心的地位。

林记茶馆　在高碑店西北角，通惠河岸边。茶馆门口有一私人船码头。林记茶馆清同治年间（1862—1874）开张，光绪二十六年（1900）前关闭。林记茶馆很有名，那时人们到京东，走船的或者游逛京东各闸的人都会到茶馆来。这里临近通惠河，坐在茶棚里，放眼望去，大片芦苇、荷叶，可以感受“茶村酒社，断傍葭苇”的风景。一些城里人，坐船沿河而下，经过二闸，专到此处游玩，合舟登岸，要壶“小叶茉莉双熏”，买点小吃，非常悠闲惬意，茶馆生意较红火。

娘娘庙茶馆　在前街路边，斜对着娘娘庙。平时顾客以本街人为主。每逢端午庙会，赶庙会的人也是顾客。娘娘庙茶馆为周边村落的农民提供了一个公共生活空间。

茶酒馆　由后街再往北，有条道通着老闸口，过桥往南不远路西有个茶酒馆，掌柜的是刘福。他靠卖冻柿子攒下本钱，后来盖几间房，开了这家茶酒馆，卖茶兼卖酒，房前还卖瓜果梨桃、小孩吃的糖果等物品。馆里是八仙桌、杌凳。夏天则在外搭天棚，摆上桌凳。馆里有个大酒坛，红布包盖，有人要买酒，就用“提”（也叫“顿”，有半斤的、四两的、二两的，还有一两的）打酒。用提打酒还要讲究技术，打酒要带“花儿”，不仅好看，且分量足。所谓“花儿”就是往上提酒时，提口往外洒的酒。若要买一两酒，用一两的提，提的容量不足一两，因为带酒花，往起一提，带着“花儿”倒进碗中，就够一两。如提起来，停顿一会，酒花流回坛子里，就不够一两。茶酒馆也卖下酒菜，如酱好的猪头肉、猪心、猪肝、猪肺等，放在一个柜橱里，顾客要什么，就给切什么。过往路人、村里人都会光顾。刘喜在大坑边也开了个茶酒馆，卖酒卖茶，还卖杂货，顾客主要是本街人。

腾隆阁夜景

乡村旅游

古老的通惠河、平津闸、漕运码头，特色的乡村建设、家具一条街，现代气息的文化园、中医药港，浓浓的乡土风俗都是海内外游客向往和追求的。高碑店村人充分利用这得天独厚的自然、地理环境，科学规划、科学设计，开发千年古村旅游项目，让人们通过游览历史古迹、现代城市、自然景观，从中享受自然、回味历史。

碧波荡漾的通惠河，整齐划一的村域设施，古老的漕运码头，现代化的公共设施，人们仿佛在时空中穿越。

◉ 旅游开发

专家论证 高碑店村位于朝阳区通惠河畔，是伴随漕运而发展起来的古老村落。由于独特的地理位置，古村的民俗文化既有帝都文化的底蕴，又有漕运枢纽的村落特色，是北京文化的重要组成部分，有丰富的民俗文化旅游资源。2005 年 6 月 22 日至 8 月 3 日，北京民俗博物馆有关专家、北京师范

高碑店村民俗旅游项目一览表

表 9

文化观光	会议旅游	自然观光	休闲度假	专项旅游	节庆活动
1. 漕运文化（五圣祠、龙王庙记碑拓、石井口等）； 2. 古家具街； 3. 华夏民俗园（展览、手工艺品、传统食品等）； 4. 国际工艺品交流中心	1. 单位会议； 2. 行业会议； 3. 专题会议； 4. 各类聚会	1. 平津水闸口遗迹	1. 通惠人家餐饮； 2. 后街特色商业街； 3. 广场文化休闲； 4. 茶楼； 5. 休闲庄； 6. 农家乐	1. 漕运文化游； 2. 古家具街游； 3. 华夏民俗园； 4. 古碑林公园； 5. 文化艺术长廊； 6. 青少年传统民俗教育基地； 7. 北京传统小吃品尝	1. 五月节娘娘庙庙会（高跷老会踩高跷、扭秧歌、跑旱船等表演，杂耍、手工艺品、小吃等）； 2. 中元节灯会（荷花灯、莲花灯、荷叶灯、蒿子灯、莲蓬灯、茄子灯、西瓜灯等）； 3. 春节祭灶、踩岁、“抢银水”等； 4. 华夏民俗文化节

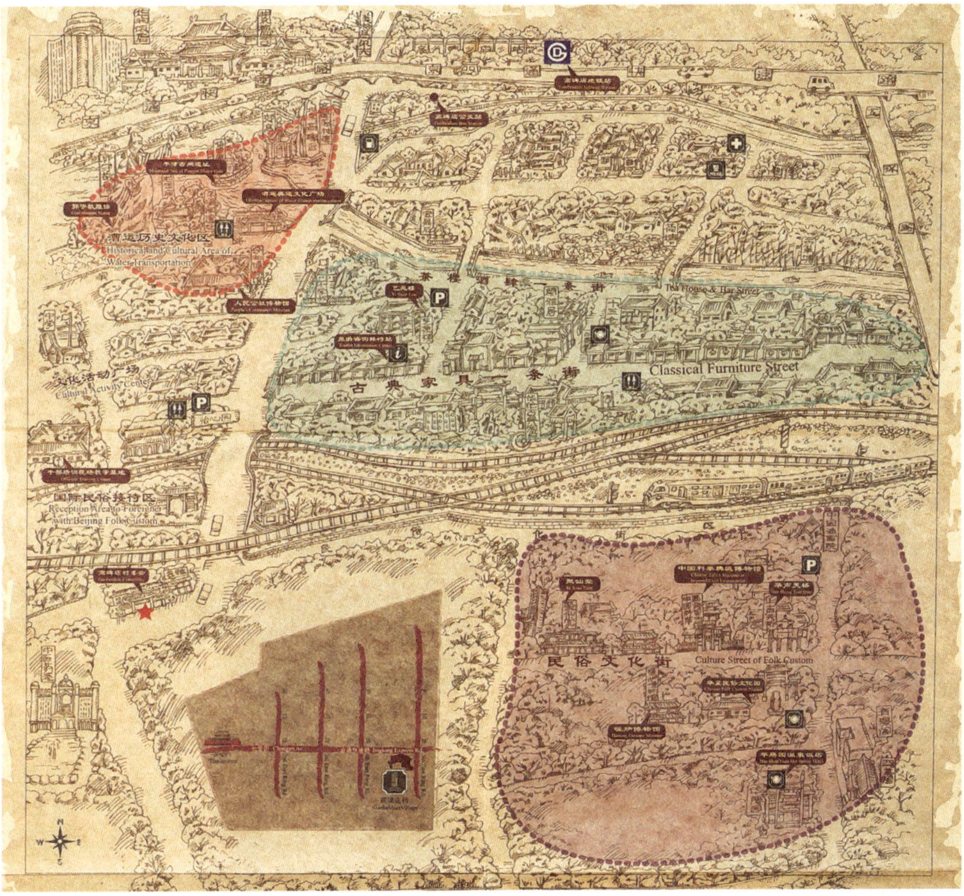

高碑店旅游线路图（手绘）

大学民俗学与文化人类学研究所部分师生共同组成调研小组，对高碑店村民俗文化进行调研。通过实地调查和查阅相关文献资料，对高碑店村民俗文化资源进行论证，并提出旅游开发的意见和建议。

旅游线路 古闸遗址区——区碑、郭守敬雕像、漕运码头；古家具街区——鲁班祠、艺苑楼、华伦古典家具店、琦檀宇艺术博物馆；民俗文化街区——清华美院高研班创作基地、励志堂、两壶博物馆、手炉博物馆。

◉ 特色旅游活动

传统节日旅游活动 春节漕运庙会是运河文化的重要组成部分，2006 年起，每年腊月小年前后，北京高碑店村都在通惠河码头遗址举行漕运庙会。漕运庙会以通惠河畔春戏园为中心，搭建风格古朴的露天摊位，让游人在逛庙会之余，领略高碑店村这个往昔繁华漕运码头的今朝风貌。庙会上有踩高跷、舞狮、威风锣鼓、小车会等民俗表演以及手工艺品的制作与展卖，茶汤、爆肚、炸灌肠等北京特色小吃，为漕运码头添了许多过年的味道。

高碑店闹元宵是随历史发展而形成的，元宵节与春节相接，白昼为市，热闹非凡，夜间燃灯，蔚为壮观，特别是精巧、多彩的灯火，更使其成为春节期间娱乐活动的重要组成部分。舞龙、舞狮、跑旱船、踩高跷、扭秧歌、猜灯谜等百戏内容，深受游客喜爱。

舞狮

2012 年高碑店龙王庙复建成后，高碑店村每年组织二月二祭龙王的仿古祭奠活动。游客慕名而来，观看祭奠活动。

高碑店第八届漕运庙会一角

高跷秧歌

正月十五观灯

元宵灯会

“二月二龙抬头”义务理发

舞龙

高碑店的端午节要比春节热闹，端午节期间家家户户包粽子、插艾草、做花鞋以及划龙舟等，是游客向往体验的项目。

每年中秋节，吃着月饼瓜果，听着通惠河流水声，仰望天空明月，是高碑店人特有的赏月形式。每年的农历七月十五，人们会在通惠河边，将自己亲手做的祭奠已故亲人的河灯放入河中，顺流而下。这些也是游客心仪的旅游项目。

端午节包粽子

放河灯

小车会表演

民间花会表演 高碑店村人热爱生活，因此民间文化活动丰富多彩，踩高跷、扭秧歌、打腰鼓、小车会、唱京剧等是高碑店村人的业余活动形式。节庆里，他们用各种花会表演，展示欢快祥和的生活场景。

老天桥京味演出 到位于高碑店新文化街的北京华声天桥，可观看耍中幡、摔跤、硬气功、铁壁飞车、马戏等老天桥的传统艺术表演。

手工体验 走进高碑店村，可以动手做一样民间手工艺品，如剪纸、捏泥人、彩绘京剧脸谱、布贴画、画兔儿爷、扎风筝、绘风筝、传统方法印年画等；跟大师学中国国画、书法的创作技巧；赏识碑匾的古法拓片；观摩京剧的化妆、表演，学一两声京韵京腔儿。这些都会吸引众多旅游爱好者。

耍中幡

华膳园温泉饭店

◉ 旅游接待

华膳园温泉饭店　位于高碑店村东南，建筑面积45000平方米，绿化面积15000平方米，为中国特色的仿古庭院式饭店，是北京市旅游局评定的四星级涉外饭店。华膳园温泉饭店在整体布局上，以突出仿古庭院建筑为特色，以营造温馨怡静的中国古文化艺术氛围为主题。

石磨房酒楼　位于高碑店民俗文化街东端，紧邻华声天桥、皇晟造办文化创意园，装修古朴的二层楼，总经营面积400平方米，可同时容纳150人。现场制作豆腐是该店的特色。该店菜品既营养又美味，游客参观高碑店民俗游的同时，可品尝地道的特色豆腐宴。

国际民俗接待户　2005年4月8日，高碑店村10户家庭被朝阳区授予“北京市朝阳区国际民俗旅游接待户”牌子，开展国际民俗接待活动。以“做一日北京人，与中国百姓同欢乐”为旅游主题，由旅游公司负责组织客源，村民把自己的房子腾出一两间，按照民俗接待的标准，稍作装饰，用来接待外国游客。在高碑店村，国外游客能更好地了解北京民俗民风，走进村民家庭生活，在衣食住行的民俗生活中体验开放的北京城。游客同村民一起到市场采购，一起包饺子、抻面条。晚间，外国游客与热情纯朴的高碑

石磨房酒楼

店村民一起载歌载舞。民俗接待产业的开展为提高村民的综合素质增加了一个渠道；同时，拓宽了致富渠道。2008 年，高碑店村有 15 户“奥运人家”，在奥运会期间共接待国外宾朋 260 余人，他们用真诚让外国游客感受到了北京人的热情，用丰富的民俗文化让外国游客感受到了中国的文明历史。2006—2010 年，高碑店村的国际民俗旅游接待户共接待来自欧美和亚洲各国游客 511 批，12007 人。

2005 年 4 月 8 日，以高碑店村为接待户试点的北京市朝阳区国际民俗旅游社区颁牌

2008 年“奥运人家”接待国际友人

外国游客与村民一起打腰鼓

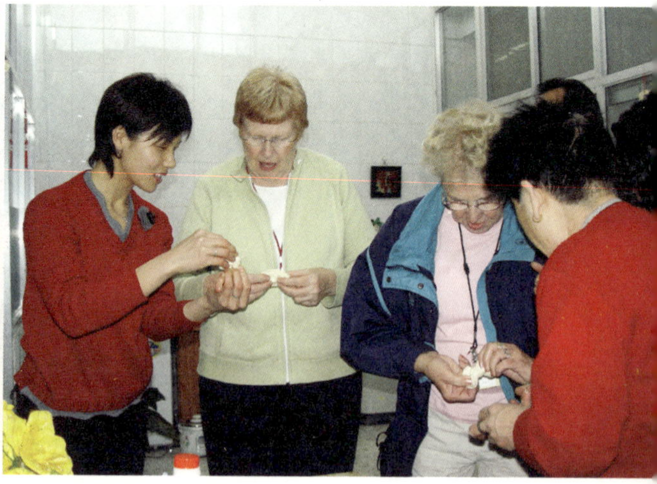

外国游客到村民家里做花卷

风土　习俗

高碑店村是古时官道驿站、漕运码头、皇粮物资集散地，南来北往人们的休息处、中转站。这里的风土人情既有皇宫习俗，也有民间习惯；既有本地习性，也有南方风俗。千百年来高碑店村人在生老病死、婚丧嫁娶、过年过节、平常生活中传承和保留了许多独特的乡村习俗。

高碑店的习俗是高碑店人智慧的结晶，是高碑店村生存和繁衍的经验总结。千百年来，人们始终承传着，永不丢弃。

◉ 生育习俗

催生　指妇女快生孩子时，娘家人买很多宝宝出生要穿的衣物，比如鞋袜、帽子、围兜、车子等，还有妇女坐月子用品，以及红糖、干桂圆、干荔枝等礼品去探望，俗称“催生”。

悬红　妇女生完小孩后，院门要悬挂红布条儿，意为将“添丁进口”的喜讯告知邻居。

洗三　过去，高碑店村人无论贫富，孩子生下后第三天须洗澡。“洗三”之日，通常只有近亲来祝贺，并送一些油糕、桂花缸炉、破边缸炉、鸡蛋、红糖等食品或者送些小孩穿的衣服、鞋、袜等作为礼品。本家用一顿炒菜面招待，富户也不过在酒菜上丰富些。“洗三”仪式一般由孩子姥姥主持。首先在产房外厅正面设上香案，孩子奶奶上香叩首，姥姥也随之三拜。然后姥姥抱着婴儿，用以槐条、艾叶熬成的汤水擦洗身体。解放后，随着医学的发展，妇女多在医院生产，既文明又卫生，“洗三”也逐渐消失。

坐月子　旧时，高碑店村产妇最重要的一件事就是“坐月子”。传统习俗认为，生孩子一个月内产妇不能洗澡，不能干重活儿，不能洗头梳头，一定要喝米酒、红糖水，多吃营养补品，适度活动，丈夫及家人精心照顾产妇。新中国成立后，随着社会的进步，月子里不洗澡等不科学的陋习被摒弃，其他习俗被保留。

满月席 孩子满月，亲朋好友一般捎上红糖与鸡蛋前来贺喜，娘家要给外孙买新衣、鞋帽、座椅、推车、摇篮等，在孩子满月的当天送去。婆家要办“满月席”，款待产妇娘家人及亲友、邻居。

抓周 孩子满周岁时要举办仪式，旧时富裕人家要在床（炕）前摆上书、笔、墨、纸、砚、算盘、钱币、吃食、玩具，让孩子随意去抓，俗称抓周。如是女孩还要加摆铲子、勺子、剪子、尺子、绣线等。一般人家，多简化，仅由大人将孩子抱来，不予任何诱导，任其挑选，以此预测孩子将来会选择的行业与命运。解放后，高碑店村里抓周仍然盛行。进入21世纪后，民间大多还有此习俗，只是所抓物品变得更丰富了。

◉ 婚姻习俗

说媒 旧时，高碑店村男女婚姻大事都讲究“父母之命媒妁之言”。在高碑店村，只要媒人觉得男女双方门当户对，两家的闺女小子又般配，就会主动去撮合。也有一家看上了另一家的，就托媒人给说合，但求能成就一桩美事。

过小贴 一般媒人说合后，如果两家都有意，就把两个孩子的生辰八字写在红纸条上，男的写个乾字，女的写个坤字，请媒人代为交换，叫“过小贴”。

小定 双方家长拿到对方的生辰八字后，就请人验看两人的八字是否相合，一般只要属相不相克就能合上。男方要给女方家送去礼物把婚事定下来，也就是“小定”。一般人家的“小定”是给女孩置办一身衣裳，打个白银镯子，经济条件不好的人家就打两瓶酒，拿一包茶叶，装个点心匣子，在媒人的陪伴下送到女方家里，这桩婚事也就初步定下了。

送彩礼 婚事有了“眉目”后，男方就要给女方家送彩礼。男方的彩礼，有两抬、四抬、八抬、十六抬，甚至更多。“抬”主要指什盒，什盒宽约一尺半，长三尺，每层深六寸。高碑店村用的什盒分三层。每一抬里的物件是有讲究的，头一抬讲究要用六角型的笼子抬只鹅，称为“鹅笼”，鹅头要用胭脂染红，象征“姑爷”，也代表唐代“奠雁”之礼中的大雁；相对应要有酒海，即美酒一坛，象征婚姻和美，也用以祭祀祖先。彩礼由新郎的父亲送到女方家里。彩礼中必不可少的有女方要求的四季衣裳、鞋袜，以及在糕点铺定做的喜饼，还有干鲜果品，如桂圆、荔枝、生花生、生栗子、红枣、柿子、苹果等，取其谐音表示早立子、早生贵子、事事如意、平平安安、多子多福等吉祥含义。

送嫁妆 结婚日子定下来后，女方家头天要把嫁妆送到男方家里。新房里家具上都要贴“喜”字。女方家一般都会陪嫁一个栏杆床和一些居家的生活用品，如八仙桌、太师椅、梳妆盒、樟木箱，与婆家对等的被褥、油灯、茶壶、澡盆、脸盆、脚盆等。其中必备的两样：一是痰盂，这是新娘的羞涩，初到婆家不好意思开口；二是一盘饺子，称为子孙饺子，或者一团长寿面，以示新人以后的日子久久长长。原来高碑店村普通家庭的嫁妆，如今成为古玩店里价值不菲的商品。

古玩店里的嫁妆

备喜 男方家的婚事筹备需要提前很多天，列出亲戚、朋友名单，提前十天要把请柬送到，宗族中辈分较高的由家里的长辈亲自去请，礼尚往来过的朋友也都要请到。过去有“三天为请，当天为提搂”一说，所以必须提前，否则亲戚朋友要挑礼的，“备喜”至关重要，不能马虎。其间，除了要请德高望重的人担任婚事主持外，还要有个婚礼上必不可少的“张罗人”，男“张罗人”料理外场，女“张罗人”在屋里忙活招待，沏茶倒水剥喜糖等。找婚宴料理必需的厨子，采购菜肴，收拾新房，准备喜事的鞭炮、喜字、当天新郎新娘拜天地用品，这些都是“张罗人”的负责范畴。

此外，还要请婚礼中必不可少的女“全福人儿”。所谓“全福人儿”就是和男方有些关系的，有儿有女、父母健在、婚姻完美的人。新房的被褥由“全福人儿”来做，同时还会作为娶亲太太为男方接亲，请“全福人儿”参与婚礼目的是借她的福气给自家婚事求个吉祥。

照轿 娶亲那天，迎亲的轿子会早早地在男方家门口准备好，吉时一到，娶亲太太就会拿一面铜镜，向喜轿里四面上下晃，称为“照轿”，寓意铜镜有“照妖”作用，可以驱邪。

压轿 照轿之后，娶亲太太盘腿坐在喜轿之内称为“压轿”，以避免迎娶路上空轿招邪。浩浩荡荡的娶亲队伍在媒人和娶亲太太的带领下去女方家接亲，同时，还有骑着马负责压轿，保护队伍安全，照应一切的娶亲爷们儿。女性接送亲讲究姑不娶姨不送，可是轿子又不能空着，随行的绿轿子里坐两个不到 10 岁的男孩，他们一个提金银水壶，一个提盖头。两个男孩象征着多子多福，让他们随着队伍就好像把新娘和童子一起带到男家，能为男方家添丁。男童随着娶亲太太进到待嫁的新娘屋子，待新娘梳妆打扮完毕，娶亲太太为新娘盖上男童提来的盖头。

迎亲 男方备彩轿，奏鼓乐，鸣鞭炮，前往女方家。迎亲队伍吹打着《抬花轿》小调一路前行，后面有专门为新娘抬梳妆用具的。娶亲爷们儿要压住轿子的速度，轿夫们都要抬头挺胸，迈着小步还要步伐一致。等出了村子，轿夫们就开始喊着口号走花步子，这样整个迎亲队伍的速度就快起来。喜轿是八抬大轿，要一抬到底不能换人，从发轿到娶回落轿就一直是这八个人，这样是忌讳“倒手”的说法，怕新娘以后改嫁。当时说轿夫有几句俏皮话，“头一个扬眉吐气”，意思是这头一个要精神抖擞、体态魁梧；“二一个不准放屁”，是说距离轿门太近，要注意礼貌；“三一个低头看地”，因为他看不到前面，所以要注意地面以免有所闪失；“四一个多走几里地”，因为他在最后，每次转弯的时候他要拐大弯。

一队人马吹吹打打到了女方家，女方不能轻易就让男方娶亲队伍进门，一是让男方知道娶得不易，以后好好珍惜，二是让周围亲朋看看自家喜事有多热闹。这时娶亲太太就要负责叫门，里面问外面答，答的要得体，还要吉祥。到了临开门要把红包从门缝递给里面送亲的人。开门之后还要撒小红包，扔喜糖，让孩子们抢。门一开，新娘亲戚站在两边，男的一边女的一边，娶亲太太边拜边在中间走，不能缺少礼仪。婚轿在新娘的房前落定，待新娘收拾停当，蒙上盖头，就扶上轿启程了。

迈火盆、射煞 高碑店村方圆庙宇较多，回来的一路上，遇到庙、桥，能绕的都要绕行，绕不开的也要用红毡子象征性地遮挡，以防“邪祟”冲犯了新人。新娘的轿子一直抬到新房门口，新人下轿，迈火盆、过马鞍都在新房内完成。新郎还要拿起喜弓，向下射三箭，寓意“射煞”，也表示“箭发连中，马到成功”。到这里，“全福人儿”（娶亲太太）完成接亲任务，随后就是热情款待女方送亲人吃酒席。

拜堂 高碑店村婚礼有自己的特色和规矩。一拜天地，二拜高堂，夫妻对拜，拜佛爷，拜公婆及长辈，新娘受婆家晚辈拜，新娘与婆家同辈相拜。在《喜拜堂》欢快乐曲中，一对新人开始拜天地。堂上摆一个佛桌，桌子上摆一个斗，斗里面装满红高粱，夫妇双方拜天地拜的就是这个斗。

接着拜佛爷。高碑店村家家供奉关云长，关公就是高碑店村人心目中的佛爷，拜佛爷也象征以后新娘要由这位保护神庇佑，成为家庭一员。之后在佛桌前，摆上椅子或长凳，举行分大小礼。先由公公婆婆老两口坐上，接受做新郎新娘的儿子、儿媳妇磕头、奉茶。公婆要给新娘红包，随后男方家的其他长辈也坐在这椅子上受磕头礼。新郎新娘向公婆磕三个头，向其他长辈磕一个即可。受礼的人都由“张罗人”（司仪）依次安排好，每位长辈都要给新人红包，以示祝福。最后是新娘坐在椅子上由夫家的晚辈向她磕头见礼，她也会拿出小礼物或红包作见面礼。这礼物和红包，是事先按人数准备的。接着是平辈互相见礼。分大小礼，目的是让新娘认识家人。

婚礼仪式结束后，新娘要在新郎的陪伴下向喜席桌上的亲朋好友特别是长辈敬酒，也要当众给媒人敬酒，表示答谢。

滚床 一般由小男孩在新房床上打滚儿。床上放有枣、花生、核桃等，意为早生贵子、圆圆满满。接下来闹洞房，晚上亲朋好友离开，新娘新郎向公婆道了晚安后，才能

“洞房花烛夜”。

回门 高碑店村人有回门的习俗。回门有当天婚礼结束后回门或第二天回门两种。回门是新娘婚后首次回娘家，回家说说对婚事满意不满意，夫家情况如何，公婆好不好等。婚后也有新郎或婆婆带着新娘到各家认门认亲的。

瞧九、住对月 结婚后第九天，女方家会带着自家的亲戚到姻亲家去“瞧九”，也就是男女两家亲戚互认，为今后亲戚礼道好走动。结婚一个月后，有“住对月”的习俗，媳妇要回娘家住段时间。日子到了要向婆婆请示，能否回娘家，回去的天数由婆婆说了算，如果婆家不忙，一般都会让回去七天左右，赶上农忙，婆婆说只能回去三天，那也只好包括路上时间三天之内返回婆家。所以虽然名字叫“住对月”，但不是真的住那么长时间，最多二十天，不会超过一个月。

新婚俗 新中国成立后，高碑店村民不再沿袭传统婚嫁习俗，不再讲究“父母之命，媒妁之言，门当户对”，提倡男女平等、恋爱自由，并实行结婚登记。

20 世纪 50 年代，一切体现出革新，革掉很多老习俗。男女婚姻不再包办，是由他人介绍或自由恋爱，彩礼、婚礼从简，迎亲也由坐花轿改为坐花车，远一点的骑毛驴或骑自行车。60 年代，旧俗礼仪一概免除，婚嫁程序也有所简化。很多人从亲朋好友那里借来粮票、烟票、糖票，办一场简朴婚礼。70 年代后，媒婆基本消失，倡导婚事新办，开个茶话会，让新人简介恋爱经过，唱歌，讲笑话，既简单，又热闹。80 年代，不少青年选择劳动节、国庆节、元旦、春节等节假日成婚。

进入 90 年代后，随着经济发展、人民生活改善，大操大办之风开始抬头，嫁妆由七八十年代的三大件（手表、自行车、缝纫机）到新三大件（彩电、冰箱、洗衣机），有的还要追求地毯、沙发、组合音响、录像机等高档商品。

21 世纪后，高碑店村民结婚必备的新三大件变成了“房子、车子、票子”。婚礼越办越大，动辄十几桌乃至几十桌；酒席档次不断提高，从买家具到结婚，花费几万元甚至十几万元。

随着时代的发展，高碑店村人婚俗呈多元化、个性化趋势。尤其是婚礼，有人崇尚旧俗，以古为荣，有人则选择西式或中西结合婚礼，还有部分人参与集体婚礼、旅游结婚，等等。

◉ 寿诞习俗

寿宴 寿宴是高碑店村人祖祖辈辈留下的习惯。老人生日当天，都要办一桌简单的生日宴，过生日的老人吃一碗长寿面。外出的儿女要尽量赶回家，出嫁的女儿要带上挂面、鸡蛋、红糖等礼品回娘家。老人生日“过九不过十”，“九”与“久”谐音，寓意长长久久；“逢十”不吉利，不办生日宴。

20 世纪 70 年代，由于物资短缺，老人生日极其简便，但必须有“长寿面”。改革开放后，随着物资条件的改善，地区群众十分重视为老人做寿。老人生日，亲戚好友到场，儿女除了做桌丰盛的酒席外，还要订制生日蛋糕。开席前，子女点燃生日蜡烛，老人闭目合十，默许心愿后，一口气吹灭生日蜡烛。众人拍手并齐唱《祝你生日快乐》歌。进入 21 世纪，高碑店村人为老人做寿的传统理念逐步有所变化。老人生日，儿女在身边的，邀上亲朋好友，去饭店为父母举办生日宴。

寿面 “长寿面”要越长越窄越好，这里的窄为“瘦”之意，因“长”“瘦”与“长寿”谐音，象征祥瑞、美好。

◉ 丧葬习俗

新中国成立之前，高碑店村的丧葬习俗以延续祖辈习俗为主。

小殓 人死后，要为逝者净身整容，如剃头、刮脸、换擦洗身、穿上寿衣，谓之“干干净净地走”。然后停放在正房堂屋木板搭成的灵床上。这个步骤要尽早，有时在断气之前就进行。因为过几个小时，由于肌肉细胞死亡，尸体会出现四肢僵硬现象，影响穿寿衣。一般情况下，家人要往逝者嘴里放黄纸包着的钱币、茶叶等，所放之物称为“含”，以示“要有花有喝的”；往逝者耳朵里填塞棉球，填充的棉球称“充耳”，以示“充耳不闻阴间鬼哭狼嚎”；让逝者手中拿着玉或者其他物品，所拿之物称“握手”，以示“不能两手空空前往另一个世界”。灵床前放一盏油灯（俗称“长明灯”）、一碗饭（俗称“到头饭”）。

送三 人死后，家人要去村里五帝庙“报庙”，也叫送三。送三是为亡人送去阴间的川资，一般在出殡前一天，由孝男孝女到五帝庙前烧“纸活儿”，送灵魂西去。解放后，五帝庙拆掉，但村里死了人依然有送三的习惯，到清静的路口或没人的地方，烧掉“纸活儿”。同时，家人应尽快向亲友发出报丧帖，或登门通报死讯，对远方的亲友，要告诉其开吊下葬的日期。院门前要插一根长竿儿，上挑纸团，纸团数目与逝者的年龄相同。丧家要穿孝服，儿子要披麻戴孝，孙辈则在孝带上添一小葫芦。亲戚闻讯陆续奔丧，与逝者见最后一面。街坊四邻携纸钱冥币前来吊唁，丧家哭丧，跪拜叩谢。

大殓　当着家属的面，将死者移入铺有褥子的棺材，死者一般是头朝里脚朝外，盖上被子，钉上钉子封棺。

守灵　棺材安放于堂前或院中，院中搭建灵棚，架设照明，四周悬挂亲朋好友哀献的挽幛、挽联，摆放花圈。棺前放一供桌，正中摆放挽有黑纱黑框的逝者遗像、祭品及“长明灯”等。停灵期间，在场的亲友，特别是死者的晚辈在灵堂轮流守护死者，定时焚纸哭灵，接受奔丧者的吊唁。

出殡　把棺材送到祖坟或公墓地埋葬，俗称“出殡”。出殡之前，丧家要请道士为逝者念经超度，再请人选择吉日吉时安葬。出殡开始，长幼列队哭丧，缓步绕街至村外。逝男焚纸轿马车，逝女焚纸轿牛车，吹鼓手一路吹奏哀乐。同时，长子跪着拼全力把一个瓦盆摔碎，称为“摔盆儿”。丧家长幼一路号丧，吹鼓手一路吹奏。邻居沿街设多张祭桌。出殡队伍经过祭桌时，暂停，邻居焚烧纸钱，提供茶水。沿途路口有专人抛洒纸钱，打点拦路的“野鬼”。

下葬　到达墓地后，下葬仪式有风水师协助，棺头朝东南方向，棺材缓缓下沉入墓穴。哀乐声中，长子边哭边填“头锹土”掩棺，随后孝子贤孙依次挥锹，随行众人填埋，并堆土成坟堆。同时，逝男焚纸轿马车，逝女烧纸轿牛车。

谢孝　丧家下葬归来，为感谢亲朋好友、街坊四邻，设宴款待，俗称“谢孝”。

圆坟　逝者下葬三天后即“圆坟”或“暖坟”，死者家人要在坟墓前烧纸钱祭奠。

五七　逝者下葬后，丧家每七天去墓地看望并烧纸钱，一共去五次，计35天，即“烧七”。高碑店村民葬礼过程，其子孙要守到“五七”。其间，由女儿糊纸伞、“摇钱树”等在坟前焚烧，儿子备酒席和众亲友前去上坟。35天后，葬礼部分正式结束。此后，每逢周年、三周年、十周年都要祭祀。

新中国成立后，高碑店村丧葬习俗有很大改变，村民逐步改变了千百年来的土葬、厚葬等传统观念，实行火葬。尤其是进入21世纪后，高碑店村提倡“以树代墓”寄托哀思的方式得到广大村民的理解与支持。每棵松树代表一个坟墓，松树上挂着已故亲

高碑店村创立松柏佳园始末碑记

人的姓名，将墓碑深埋，不露出地面，不留坟头。每年清明节大家浇浇水、平平地，既节约了用地，也绿化美化了环境。“以树代墓”为北京殡葬改革树立了典范。为此，高碑店村创立“松柏佳园”，立碑记载。

◉ 节日习俗

春节 高碑店村人过大年并非指年三十那一天，进入农历腊月就算是有“年”味了，尤其是到了腊月二十三，是汉族传统文化中祭灶、扫尘、吃灶糖的日子。高碑店村人和北京城里人一样，“二十三糖瓜粘，二十四扫房子，二十五糊窗户，二十六去买肉，二十七宰公鸡，二十八把面发，二十九蒸馒头，三十晚上熬一宿”。

春节习俗

在正月初二，高碑店村人有一个特色风俗“抢银水”，也叫“挑水财”。村民们在初二凌晨，就去井台挑担水回来，有谁最早担回水，谁这一年就会最兴旺发达之说法。

送信的腊八粥　高碑店村有俗语“送信的腊八粥，要命的关东糖，救命的煮饽饽”。意思是说，到了腊八就快过年了，到腊月二十三，催账的就要上门了，吃上过年的饺子不要账，也就不用躲了。到了腊月初八，快过年了，家里人喜欢说这么一句话：“小孩小孩你别闹，过了腊月就祭灶，小孩小孩你别哭，到了腊八就宰猪。”腊八这一天，高碑店村家家都要早起熬粥，烟囱里冒烟就代表这一年烟火不断，家里也不会挨饿，来年丰收。

腊八粥在太阳没出来前熬好。熬粥的原料大多是村民自己种的农作物，主要包括高粱米、糯米、豆子、玉米渣，还有枣、栗子。有钱人家的粥里还会放上点桂圆。腊八粥不单是自家人吃，还要送给其他人，寓意把对未来美好的祈愿带给其他人。高碑店村，腊八粥熬好后要给街坊端去一碗，表示邻里间相互的祝福。送腊八粥不能太晚，最迟不得过午。

祭灶　腊八一过，家家就要开始忙着过年，置办年货，有的人家用玉米或麦子到街上与人换粉条。女人们将麦子、小米、高粱脱壳，还要磨细玉米面和黄米。有的人家还要蒸馒头、年糕和黏豆包。“小年” 腊月二十三，家家户户都要祭祀灶王爷。过去，高碑店村人的房里有个灶台，灶台上贴着灶王像。有的人家还将灶王像供在用木头或秫秸秆制成的佛龛中。灶王像有两种，一种是灶王爷一人，另一种是灶王爷旁边还坐着灶王奶奶。腊月二十三祭灶，要将已经熏黑的灶王像请下来，用棍支着供在供桌上，摆香炉烧香，摆草鞋、药豆等供品，供桌前面还要挂上元宝和黄钱。灶王爷上天时要骑马，因此还要插上一匹纸马。还有人家在佛龛上贴一个对子，“上天言好事，回宫降吉祥”或“上天言好事，下界保平安”，横批是“一家之主”。天黑后，将灶王像和纸马一同烧掉。

祭完灶，家家就开始筹备新年。这时候，该歇工的歇工，该收拾的收拾。过了腊月二十三，家家户户才能开始扫房子，都打扫得干干净净。有钱的人家还会把顶棚重新糊一糊。不管家里穷富，在置办年货的时候也得买上几斤猪肉。到腊月二十八，家里还要忙着蒸馒头、做年糕。有的家里还会酱猪头，炖猪肉。快到年节时，老北京人为了图个吉利，喜好买几条小金鱼在院里养着。高碑店村有不少人家有鱼坑，为了讨生计，也在鱼坑里养些草金鱼苗，这时开始往外卖了。远的有河北文安县商贩到此趸鱼，更多的是本村穷苦人来鱼坑里逗鱼贩卖。

在准备“小年”送灶王爷上天的同时，一些像高碑店村里卖小金鱼的男人们却开始忙碌的奔波，趁着年节，到城里串胡同挣钱去。

贴春联 大年三十，高碑店村大多数人会请村里读过书的人把春联和“福”字写好，再到集市上请一对门神。下午就要将提前准备好的春联、门神、挂千等分别贴上，门框两侧贴对联，门心贴门神，门楣上贴挂千，影壁正中贴“抬头见喜”，磨上贴“白虎大吉”，碾子上贴“青龙大吉”。马车上也要贴“远近大道逍遥过，进退连环遇交通”。走车的大门上贴“车驾非轻”，连井盖上也贴着“水洗万物”。

年夜饭 大年三十，妇女们围着灶台开始准备年夜饭。将先前蒸好的馒头、豆包蒸一下，再做些松糕、烙饼。松糕是用白棒子面掺八宝之后上锅蒸，蒸熟后切成斜角。烙饼时要把饼翻个儿，意思是把穷翻过去。年夜饭的菜大概有9种，包括粉条炖肉、胡萝卜、酸菜、炸豆腐、四喜丸子等。还有用绿豆浆摊成薄饹馇，卷胡萝卜丝和香菜炸成饹馇盒，也有叫饹馇圈的。

这天中午，女儿要回娘家吃午饭后，再回到婆婆家。出嫁的女儿如果年夜饭是在娘家吃的，吃过饭后马上就要

春节写对联

春节“福”

走，因为大年夜里十二点供佛爷（财神爷等）时，她们不能在娘家看着佛爷灯。天一擦黑，妇女们头上戴上小红纸花，孩子们则将小红花别在身上，说是可以避邪。下午六点左右，家里的老老少少聚在一起开始吃年夜饭，边吃边聊一年里发生的事。吃完年夜饭后，会有村里贫苦的孩子挨家送灶王像，接灶王像还要给几个钱，钱多少不限，随后将新的灶王像请到灶台之上。

祭祖 高碑店村的大户人家在大年三十这天要祭祖，下午，族里男性带着男孩子到祖家老坟。老坟地边上有一间屋子，屋里常年供着祖宗的牌位，不管是哪家人先到，都要到这间屋里给祖宗磕头，晚上还要留在这里守夜，直到初一早晨才回去。

守夜 孩子们手里提着灯笼在院子里放小爆竹。孩子要是困了，家人也不能让他睡着。有一种说法，孩子睡着了，这一年就会没精神。另外，家里还会准备各种坚果或糖类“杂拌儿”扔在地上，当夜不能扫，等到初一早上太阳出来才可以收拾。

祭神 大年三十晚上十二点，高碑店村人要摆佛桌祭神。佛龛里面供着财神，关公、灶王安置在两旁。财神面前摆干净的香炉、香筒、油灯、蜡烛台以及三摞五碗元宝似的蜜供。蜜供是用油和的半发面，切成长约 3 厘米、宽厚为 1 厘米的小面条，油炸后滚上蜜，叠摞起来，形成方形或者圆形（中空）的宝塔状，顶端像一个小金字塔。供桌上的蜜供不到正月二十五撤供时是不可以偷吃的。

接财神 祭神之后，老人们坐在正屋，孩子们站成两列接财神，家人点燃香烛叩头祷告，感谢财神为全家带来的福分。

拜年 大年初一早上，村里人还要互相走动拜年。见了街坊邻居都要作揖，互道“新禧”。村里人要是过去彼此言语不周，抬了杠，拌了嘴，有矛盾，到了初一说一声“新禧”，一作揖，就没有事了。初一时，许多人家的妇女禁门，做买卖的人也停业不做买卖。

一般人家到正月初六就已拜完年，村里有不少人在城里做学徒，店铺初六开张就得干活去。有的人家亲戚多，到正月十五元宵节还在拜年。去女方家拜年要在初七以前。村里流行一句话：“过了初七八，盆碗一起刷。”意思是过了日子，人家不伺候。旧时还流行着一句话：“青草没驴蹄，拜年都不迟。”意思是说，就算在青草能把驴蹄都盖住时，拜年也不迟。那时候各家的生活都不富裕，即使拜年多半也是空着手去，主人家一般多以瓜子、花生等零食招待。多数情况不会留下吃饭，还是要赶回自家。

拜年

初一饺子初二面，初三饸子往家转 在高碑店村人的心目中，饺子就是“福”的象征、“年”的象征，一年的流年大运都寄托在饺子上，饺子是辞岁迎新代名词。有什么不吉利、不顺心的事，诸般不合也都捏合上了。高碑店村人初一吃的饺子叫接神饺子，要在大年夜十二点前包好，富人家的饺子皮是白面做的，穷人家用细玉米面做饺子皮。“细箩面，细箩面，擀条儿包饺子全能干，就是当中得掺榆皮面”。细箩面是农村中比较细致的粮食，一般是用白玉米粒儿碾碎，过细箩而成，再加上一定数量的榆树皮碾的

包饺子

面，以增加其黏合力。细箩面从表面看跟白面一样，但味道不一样。饺子一般包猪肉白菜馅。但其中有一个饺子里面包一文小钱，吃着的人寓意来年有福气。大年初一这饺子捏上，年就算过得圆满，捏不上这饺子就像这年没过一样。到凌晨两点左右，将饺子摆在供桌上，家长拈香行礼，之后由一男性看守，以便接香，灯火香皆不可灭，否则不祥。一般不让女性接香。孩子们给家里的长辈拜年、磕头、说吉祥话，长辈会给红包。红包不论孩子年岁大小，没结婚的都有份，有的只给年纪最小的。

初二晚上讲究吃面，寓意活得长。高碑店村过年吃的面是自家做的抻面。抻面关键是面和得要筋道，抻面的人手上有劲，抻出的面粗细均匀。冬天吃面不过水，否则炸酱面泄了汤，会失去原味。

初三讲究吃饸子。饸子是北方的一种传统面食，老百姓称之为菜饸子，菜主要是韭菜，馅是用韭菜和肉馅合成，把馅置于两张面片中间，四周压紧，上锅烙熟就好，过节吃饸子希望来年的日子能和和美美。

破五 初五被称为“破五”。过去高碑店乡域的人在这一天家家要吃米饭、吃面、吃烙饼。过了“破五”，就能随便吃了。但在“破五”之前，有不能吃米饭的习俗。

看花会、逛庙会 从大年初二开始，高碑店村人主要的事情就是走亲访友，或者走村串巷追着花会看演出。高碑店村人春节时还有一项很重要的活动，就是“逛庙会”。庙会平时也有，没有春节热闹。庙会上，风筝、空竹、花鸟虫草、镜子、头花、糖葫芦等，应有尽有。春节庙会一般初一开始，初五、初六进入高峰期，直到元宵节前，庙会的热闹一直不减。

中华人民共和国成立后，高碑店村人过春节还依然延续旧时的习俗，20 世纪 60 年代，春节的一些传统习俗都被当作“四旧”，是被破除的对象，兴起过“革命化”春节、“移风易俗过春节”。改革开放后，高碑店村过春节除恢复部分传统习俗外，还增添了很多新的内容，活动也更加丰富多彩，如高跷老会和少儿高跷、小车会表演等，舞龙、舞狮、剃龙头等活动非常热闹。

元宵节 正月十五元宵节，又叫灯节。旧时高碑店村里各家都不富裕，院子里挂不起大灯笼，村里人就自己做灯花。用粉色、绿色、红色的薄纸裁成小方块，剪去一角后再将斜面剪细穗，以其中一边搓向对边成柱状，将穗掰平，立住，最后再弹上油，放在家中的锅台、窗台、桌子等处。等到月亮出来后，把灯花点上。元宵节时，高碑店村家家都自己摇元宵。

村里还流行着“烤百病”的风俗。“烤百病”取“用火一烤，百病不生”之意。这天天不亮，要拿棉柴、芝麻秸等柴火烤身体，烤过就不疼了。如，烤烤手，手不疼；烤烤腿，腿不疼。

填仓节 农历正月二十五，俗称“填仓节”，也叫“添仓”，是农历正月最后一个节日，是民间象征来年五谷丰登的节日之一。按照老北京传统，农历正月二十三为“小填仓”，正月二十五为“大填仓”。高碑店村的填仓节跟北京城里的差不多。天刚亮的时候，家家在院子里或者屋子里，用簸箕或木锹铲上筛过的灶灰、炉灰，撒出一个个大小不等的圆圈，用以象征粮囤。有人在灶灰里搁一把棒子，就是棒子囤；有人在灶灰上放上洋钱或者铜板，象征洋钱囤；有人则放些五谷杂粮，比如黑豆、黄豆、麦子等，以祈望五谷丰登、粮食满仓。等第二天太阳出来后，把灶灰等扫走，这是人们对美好生活的一种向往。

清明节 清明节是高碑店村百姓扫墓祭祖的日子。解放前，高碑店村百姓延续过去祭祖方式，到去世亲人坟地前填坟、烧纸、叩头行礼跪拜。20世纪80年代后，国家实行殡葬改革，亲人去世后均实行火化，每到清明节，亲人们来到墓地只是打扫墓碑、清除杂草、重描碑文、摆放鲜花等。

21世纪后，高碑店村百姓清明节祭祀方式有了很大改变，从2004年起采用“以树代墓”方式寄托哀思。

端午节

旧时，高碑店村人过端午节，因为多了一项逛庙会而使其显得与众不同。高碑店村人由于过年时忙于走街串巷卖金鱼，年过得比较简单。过端午节很讲究，各家各户的当家人过了三月三就互相提醒，该“奔节过伙”了，意思是要多劳动、多赚钱好过端午节。还有各家的主妇，她们为了过好节，不但要把家务做好，还要在节前把全家的针线活做好。

逛庙会 村里人流传着“过年是会亲走亲，过节是会友”的说法。所以大部分的家庭主妇为了在端午节让全家穿上新衣服去逛庙会，她们起五更睡半夜地做针线，非常辛苦。家有幼童的，要在端午节给孩子穿上小动物鞋，如猪鞋、猫鞋等，据说这能驱邪灭灾。逛庙会时会碰到很多乡亲和远近村庄的亲朋好友，家有年龄较大儿女的，都要把他们打扮得光鲜得体，再由爷爷奶奶或者父母带着他们去逛庙会。一方面展示他们懂礼仪、有家教又有才貌；另一方面也是对他们的一种教育，庙会上香客、游人众多，他们也可以借机学习别人的言行举止和道德礼仪。姑娘可以在庙会上看看人们各式各样的衣装打扮，学学人家的裁剪和针线，以及流行的款式、颜色等，端午节庙会算是村上的一个服装文化交流场所。端午节庙会也是相亲择偶的时节和地点。

端午节斗百草之“武斗”拔根儿

斗百草 高碑店村端午节有斗百草的习俗。斗百草分为“文斗”和“武斗”。“文斗”是由主持人提问，观众对花名、草名和回答端午节相关知识。“武斗”是老北京人常说的“拔根儿”，比试草茎的拉力、韧劲。斗草者各选草茎一根，两根草互相交叉，双方各持草茎的两端，用力往回拉，草茎被拉断的一方为负者。

贴葫芦花 五月初四下午，家家户户把菖蒲、艾叶割回家，放在水缸旁边保鲜。第二天，赶早把菖蒲、艾草插在各家门的上坎上，然后在门和窗户上贴上一个用红纸剪成有枝有叶的葫芦，俗称葫芦花，寓指铁拐李的宝葫芦，能驱邪灭灾解毒。

包粽子 受大运河文化的影响，高碑店村人在端午节时有包粽子的习惯，这个习俗也是为了纪念爱国诗人屈原。

包粽子的习俗在高碑店村最盛行的时期是1900年以前，家家户户都讲究包粽子。那时，取材特别方便，河两岸芦苇丛生、苇叶充足，春天粮船运糯米时，家家户户连扫带拾，就够了端午节包粽子的用量。旧时通惠河什么货船都有，包粽子用的小枣在码头上售卖价格很便宜。

高碑店村人包粽子有很多讲究，要采苇叶就得采齐腰以上的，这样的苇叶又大又绿，采来的苇叶洗净后用开水浸涨起来，包粽子时米粒不滑也好包。小小的粽子代表着人们对家庭和谐美满的祝福，如夫妻俩包粽子放两个枣，表示夫妻恩爱白头到老；老人包粽子放三个枣是福禄寿三星，表示增福、增寿、增财；放四个枣，表示一年四季保平安；还有人开玩笑放一个枣，故意给光棍吃，叫光乐。老人们还说包粽子要适当多用些苇叶，煮的时间要长，这样剥开粽子会有一种清香的苇叶味，好吃能治病，有解表、解毒作用。包粽子也有好坏之分，包得好的，形状比较长，不漏米，大小一样还美观；包得不好的，外形短粗。这也是衡量媳妇、姑娘是否心灵手巧的一个标准。

21 世纪，随着高碑店村城市化进程的加快，购物环境发生变化，人们包粽子的苇叶不用采了，而是直接去商店、超市购买。每到端午节，村和社区都会举办以包粽子为主题的系列民俗活动，让传统的端午节更加丰富多彩。2010 年端午节始，高碑店村把“弘扬端午文化、促进家庭和谐”为主题的端午节文化娱乐活动与社区的精神文明建设结合起来，端午节文化活动更有文化内涵。

端午节包粽子

2006 年端午民俗节开幕式

中秋节 农历八月十五为中华民族传统的节日——中秋节（也叫团圆节）。中秋节是高碑店村最重要的传统节日之一。中秋月圆夜，村民们在家中院里对月设下香案，摆些鲜瓜果，还在香炉上插一枝生毛豆，代表月中的桂树。准备好后，全家人轮流向月亮朝拜，谓之祭月。好友或情侣在月光下吃月饼，饮酒赏月。

中秋节

二十世纪六七十年代，在“抓革命，促生产”背景下，中秋传统节日不被重视。21 世纪后，高碑店村过中秋节习俗得到恢复，全家人除了吃月饼外，还要聚餐吃团圆饭，亲戚朋友间要带上月饼相互走动。尤其是做买卖的，为了联络感情，结款、洽谈生意，借中秋节兴起了送礼大行动。村、社区等部门利用中秋节举办各种形式的文艺演出，丰富群众文化生活。

重阳节 农历九月九为重阳节，又叫登高节、菊花节，也称老年节。高碑店村地处北京市近郊，沿袭着老北京人的习俗，在重阳节时常常用登高、赏菊、饮菊花酒、吃花糕等方式来庆祝，以祈求平安健康。二十世纪六七十年代，公社社员过集体生活，对重阳节风俗逐渐淡薄。80年代后，各村、社区都重视重阳节，以举办各种主题活动为契机，倡导尊老、敬老、爱老、助老社会风气。如：1987年的“维护老年人合法权益”活动，1988年的“敬老、助老送温暖”活动，1998年的“走访高龄老人，解决实际困难”活动，1999年的秧歌赛，2005年的手工艺表演、合唱赛，2007年的象棋赛，2010年的秋游，等等。村里为老人集体过重阳节。子女会为老人置办新衣裳，带上礼品回家看望老人，行孝礼、尽孝心。

中元节 农历七月十五是中元节，高碑店村有“放河灯”的传统习俗。古时，村落本着避祸禳灾的心理，在中元节当天放河灯祭河神、龙王和水中生灵，祈福通惠河、平津闸“漕顺闸固、泽福世代”。漕运庙会期间也有“放河灯”习俗。

“七月半放河灯”是通惠河沿岸村落的习俗，这不但关联着人们的观念信仰，也取

中元节放河灯

中元河灯节

市场上的各种河灯

决于人们的财力。高碑店村外出贩鱼者较多，村里能募集足够财力来办活动，许多渔户有船能够放河灯。七月十五晚，高碑店村的老闸口岸边早早地就戳上了糊好的显神、地鬼，同时在岸边摆放一个四五米长、两米多宽的法船。法船，意为“慈航普度”，是一种纸制明器，用以超度亡魂，引之到达极乐世界。半夜子时，把糊好的显神、地鬼和法船都烧掉，载孤魂到极乐世界。

在老闸口河边，请朝阳庵僧人念经。人们把四五条大船拢到一起，上面铺上板子，设焰口座，供僧人来念经，超度那些漂泊了一年的孤魂渡过苦海。放河灯仪式在僧人念经的同时举行。放河灯的船一般都是村里渔户自家的，放河灯的人也多半是在自己家的船上放。

中元节有着种种禁忌，对于高碑店村人而言，放河灯作为一种独特的活动，有一番独特的情趣。旧时，高碑店村人大多放茄子灯，有些人家是自己做的；也有的是在村长募集资金买来的莲花灯下，自己用茄子切片做底座。除此之外还有许多种灯，比如蒿子灯。由于蒿子枝叶带有一种特殊的香味，老北京人常把它割下来，拧成一股绳，晾干，点燃用来熏蚊子。七月十五，用它做蒿子灯。

随着时间的推移，“七月半放河灯”已在人们记忆里模糊了，放河灯超度亡魂的观念已消失。在2005年抗日战争胜利60周年之际，为缅怀先人，纪念革命烈士为民族独立所做出的丰功伟绩，高碑店村人又恢复举办“七月半放河灯”仪式。

◉ 农业风俗

新中国成立前，高碑店村村民以从事农业生产为主。在长期的生产活动中，按当地气候环境、土壤情况、各种农作物生长特性，按时耕作，形成一年24个节气的生产习俗，成为农业生产的指导准则。

20世纪80年代之前，高碑店村还是以农业生产为主的京郊农村，一年四季的农事活动按规律开展，以利于农业生产、获取好收成。

广积肥 大量积攒农家肥是庄稼人的共识。俗话说："庄稼一枝花，全靠肥当家。"高碑店村民都知道有机肥料对农作物的重要性。不管农闲与否，家家不忘积攒农家肥。积肥的方式大多在村头废地或地块一角挖一深坑，将树叶、杂草等扔入其中，并伴鸡、牛、马、骡等牲畜粪便一起熏成肥料。20世纪50年代，除上述积肥方式外，各生产队农户注重圈肥，即家畜粪尿和垫圈材料、饲料残渣混合堆积形成的肥料。60年代，把河泥作为重要肥料。1962年冬天，把"大牲畜作为主要肥料来源"来抓，推行"公养、私养并举"，高碑店村为公社积肥先进单位。70年代，各生产队成立专门积肥队。80年代，主要使用碳酸氢铵、硫酸铵等含氮化肥。90年代，为提高粮食产量，恢复以有机肥为当家肥，适当增施含磷、钾的化肥。开始采用液氨施肥、电脑诊断施肥等施肥方法。

农时 俗话说："人误地一时，地误人一年。"每种农作物都有一定的农耕季节和一定的耕作时间。历史上，高碑店村种植的农作物主要有小麦、高粱、谷子、玉米、豆类（黄豆、绿豆、红豆、黑豆）、芝麻、红薯等。在高碑店村流传"豌豆大麦不出九""春争日，夏争时"等农谚。20世纪70年代后，高碑店村的农业按上级要求，采用"稻麦两茬、水旱轮作"的种植方式，有"早稻不插六月秧""晚稻不插七月秧"之说，即六月一日和七月一日是早晚稻插秧的最后期限。关于种麦子，有"白露早，寒露迟，秋分种麦正当时"的农时谚语，反映出高碑店村在秋分这个时间点种麦子是最合适的。

育种 新中国成立前，高碑店村一直沿袭传统的常规育种方式：年年选种，以积累优良性状；经常换种，以防止退化。20世纪50—60年代，各村育种工作常由经验丰富的老农操持。70年代后，公社设置种子机构，配专业科技人员选种、育种，大队、生产队不再单独选育种子。每到春耕季节，由公社种子站统一调配抗病虫害、高产、适宜当地种植的优良品种。经过多年实践证明，统一供种做法有利于种子统一管理，有利于农业生产。2000年，《中华人民共和国种子法》出台，除种子站外，允许有条件的个体企业调配并经营种子，从此种植业进入从计划经济体制向市场经济体制转型发展阶段。

打场 高碑店村百姓打场，就是先在田间地头或房前屋后整一块平地，然后把收割的粮食平摊在场地进行晾晒，用马拉碌子碾压，使之脱去外壳。新中国成立后，各家各户是在地头或自家院内轧场。人民公社化时期，推行农业机械化，从收割、脱粒、晾晒、扬场（筛簸）到装袋，由机器完成。进入20世纪80年代，收割机已经普及，打场退出了历史舞台。

◉ 禁忌习俗

禁针线 在高碑店村，按照旧俗，从大年初一到初五，家里大事小事，一律禁止动用刀剪针线。那时，一件衣服穿在身上，习惯上是“新三年，旧三年，缝缝补补又三年”。衣服旧了、破了，没有多余的钱换新的，只好找块补丁把损坏的地方补上……人们称此为“缝穷”。春节时，人们追求的是“发达喜庆”，不希望任何因素破坏这种气氛。人们害怕针线与“缝穷”相关联，于是，喜庆日子，禁止针线露面。在过年前对各种事项进行充分准备，也没有针线的用武之地。不管是因为禁忌，还是确实用不着，禁用针线的习俗一直延续下来。

禁刀剪 旧俗从正月初一到正月初七，高碑店村百姓把人和其他六种动物一一对应，即初一日为鸡，初二日为狗，初三日为羊，初四日为猪，初五日为牛，初六日为马，初七日为人。即所谓“鸡日”“狗日”“羊日”“猪日”“牛日”“马日”“人日”，后面还有“八谷”“九天”“十地”的说法。除人以外，其余六畜都是与人的生活息息相关的动物。规定一日不杀鸡，二日不杀狗，三日不杀羊，四日不杀猪，五日不杀牛，六日不杀马，七日对人不行刑。人们对此还有不同的解释，但是，“刀”毕竟是凶器，“杀”也是凶残的行为，无论怎么说都不吉利。七天之内不准有“杀”的行为，也就有了过年时不动“凶器”的习俗。主、副食品已在过年前准备好，做好充分的准备，也不需要动刀剪，这是其真正的原因。

禁门 春节期间，高碑店村民之间互相拜年也有多种形式，如走亲戚、礼节性拜访、感谢性拜访以及串门性拜访等。但从正月初一到初五，多数家庭均不接待妇女，这就是所谓的“禁门”。妇女须等到正月初六以后才能外出走访，所以拜年时限可延长到正月十五元宵节前后。

◉ 商业风俗

高碑店村商业习俗，是随“水上经济”或“码头经济”而衍生出来的。通惠河穿过高碑店村域，平津闸为高碑店村带来勃勃生气。由于明清漕运的关系，通惠河两岸民众除了从事农业生产活动外，大多以水上运输和装船、卸船、拉纤等为谋生手段。漕运要地的繁忙与繁荣，为高碑店村人带来了许多经商的机会。从清末到 1949 年，200 余米长的后街聚集了诸如兴隆肉杠、天泰恒油盐店、刘记干果店等各类商铺 20 余家；此外，还有替人办事的行业，如喜轿铺、棚铺、裱糊铺等。因为漕运，高碑店村形成了根深蒂固的行商与坐商习俗。

清末，随漕运逐渐衰落，高碑店村的年轻人多数到城里作坊学手艺；精明人在通惠河两岸挖坑养鱼，或到北京城里设市贩鱼。除了贩鱼，高碑店村人还有“挑八根绳”卖小金鱼的行业，这种走商也是村商业习俗的一大特色。

20 世纪 80 年代后，随着改革开放，高碑店村商业风俗除旧布新，其商业活动多以文化元素呈现，如高碑店村长 1800 余米的古典家具一条街以文化特色闻名京城。

◉ 方言词汇

担挑儿（连襟）——女婿之间的昵称

倒插门儿——男到女家（俗称上门女婿）

暮生儿——遗腹子

外秧儿——非本家本族的人

全福人儿——有父母、有配偶、同时有儿有女的人

老爷们儿、老娘们儿——成年男性、女性的统称

爷们儿——亦指长辈与晚辈之间的互称

小子、小小子儿——小男孩

小妞儿、丫头片子——小姑娘

双棒儿——双胞胎

◉ 民间谚语

一年之计在于春，一日之计在于晨，一生之计在于勤。

一九二九不出手，三九四九冰上走，五九六九河边看溜（天暖河坡有溜土），七九河开，八九燕来，九九加一九，耕牛遍地走。

清明不刮风，好天到月中；清明一刮风，一刮到月中。

惊蛰一犁土。谷雨前后，种瓜点豆。芒种不可强种。夏至天短，冬至天长。

夏令吃素，冬令进补。头伏饺子，二伏面，三伏烙饼摊鸡蛋。头伏萝卜，二伏菜，三伏种荞麦。

处暑找黍。白露早，寒露迟，秋分种麦正当时。早立秋，冷飕飕；晚立秋，热死牛。立了秋，把扇儿丢。冷在三九，热在三伏。

霜降不起萝卜，必冻脑壳。立冬不撂菜，必得受了害。

冰冻三尺非一日之寒。冬至不过不寒，夏至不过不热。

小雪封地，大雪封河。腊七腊八，冻死寒鸦。

八月十五云遮月，正月十五雪打灯。一场秋雨一场寒，十场秋雨要穿棉。

早看东南，晚看西北。夜里下雨，白天晴，打下粮食无处盛。

月怕十五年怕半，庄稼人怕误时间。栽秧要抢先，割麦要抢天。秋分不收葱，霜降必定空。八月葱，九月空。晚谷不过秋，过秋犹不收。风吹一大片，雹打一条线。寸草不生，五谷丰登。

锄头响，庄稼长。三分种，七分管，十分收成才保险。桃三杏四梨五年，枣树当年就还钱。

船到江心补漏迟，天晴须防下雨时。早霞不出门，晚霞行千里。

春雨贵如油，夏雨遍地流。河里鱼儿跳，都是下雨兆。春天孩子面，一天变三变。长蛇过道，下雨之兆。水中泥鳅翻，预告要变天。

大风大风，一刮刮到掌灯，掌灯不停，一刮刮到天明。

风后暖，雪后寒。麻雀闹，雨来到。风后跟雨，雪停就晴。天空打闪，风雨不远。天低有雨，天高旱。

一黑一亮，大雨三丈。鱼打漂，雨来到。火烧云，暴雨临。红云边生，莫要远行。

蚯蚓路下爬，雨水乱如麻。蚂蚁搬家，晴必雨；蜘蛛结网，雨必晴。

大雨过后出彩虹，必定要天晴。蜻蜓低飞，不风便雨。日落如灯，不是下雨，就是刮风。日晕必下三天雨，月晕必刮一天风。先看电，后听雷，大雨后边随。先下牛毛没大雨，后下牛毛不晴天。早看东南云雾起，若逢东风便下雨。

出门在外，饱拿干粮热拿衣，天晴不忘带蓑衣。针尖大的洞，斗大的风。扁担是条龙，一生吃不穷。不掉一粒粮，日子必定强。晴天不忘有阴天，丰收也要防灾年。多出汗，勤用心，土中自会产黄金。

干活要早起，日子要算计。一粒粮食一滴汗，省吃俭用细盘算。靠天越靠越荒，靠干粮食满仓。起早摸黑忙，秋收谷满仓。阳春三月不做工，十冬腊月喝北风。要想多打粮，就得日日忙。

常洗衣服常洗澡，常晒被褥身体好。鼻子不通，吃点大葱。春要捂，秋要冻，一年四季不害病。

艺文　杂记

高碑店村的风土人情蕴含着深厚的文化底蕴，这里成为文人墨客灵感的家园，他们用诗歌来赞、民歌来唱，赞美这里的人、这里的水、这里的风土人情。

高碑店村自古以来就是一幅美丽的图画，许多文人墨客为其颂赞，为其歌唱，赞美这里的人、赞美这里的水，赞美这里的风土人情。

◉ 诗歌

通惠河[①]

〔明〕周祚

宛宛漕渠天上来，金堤玉垒圣人开。
仙槎合傍银河挽，粟米如山绕凤台。

大通河泛舟[②]

〔清〕曾广端

笑非范蠡也乘舟，闻听风声落木秋。
枫树桥边千万户，芦花滩上两三鸥。
只缘好景轻移棹，转为征人起别愁。
共醉停杯独远思，何时身随五湖游。

---

① 民国《大兴县志》卷六《艺文志》，第41页
② 民国《大兴县志》卷六《艺文志》，第65页

漕艘午渡

〔清〕张茂节

关河百二历梯航，玉食从来统万方。
但愿太仓仓粟满，遥看锦缆引牙樯。

高碑店是中轴线

张文玉

两壁北平店两厢，祖建高碑座中央。
傍花随柳河抱庄，飘来江南鱼米香。

渔家乐

张文玉

划船撒网远世俗，岸边搭上一芽屋。
数亩方塘盛碧水，西行垂柳半坡芦。
朝披紫露同鸟语，夕阳红火撒金钩。
嬉闹顽童惊午梦，渔歌一曲老还童。

晨景

张文玉

夜雨晨晴彩霞迷，天水一色映红辉。
踏坝登高观村景，梦幻仙境显神奇。

古闸恋

司德顺

驾舟摇橹游京东，平津古闸把水横，
停舟绕滩登石岸，但见古木锁蛟龙。
闸漕水激百舟行，古闸两侧筑神灵，
北岸将军挑大指，南岸龙王掩青松。
光照石壁水映红，岸堤芦苇郁葱茏，

岸旁少女收苇呐，手指水草落蜻蜓。
纤夫拉纤纤道行，炎日河道赛蒸笼，
浑身汗下似淋雨，时闻二闸响锣声。
粮艘靠岸进茶棚，渴饮粗茶沐清风，
远望河滩落白鹭，近闻柳岸百鸟鸣。
禽鸟鸣唱欢悦曲，不解高碑劳作情，
碧水奔流终无日，古闸沧桑临晚风。

家乡是个好地方——赞高碑店

卢印泉

通惠河水流长，水鸟飞草花香。
荷花盛开满池塘，高跷会名声响。
红绸腰鼓打得棒，通惠河畔高碑店。
求发展谋利益，治灌渠整环境。
落实科学发展观，沿河两岸好风光。
碧波粼粼鱼戏浪，彩船漫游水荡漾。
云车年年走四方，古典家具美名扬。
这里就是我家乡，战斗堡垒坚如钢。
党员先锋好榜样，旅游文化做得强。

今昔高碑店

〔日〕菊地

像小船那样的夏天的月亮
朦胧地倒映在湖面上
微风吹来
平静的湖面荡起层层波浪
如同乘坐在摇荡的小船中
诉说往昔的故事
悲喜交替岁月的“郊亭”已是遗忘了的旧名

远去了的光阴
到来了的时刻
反复地追思着
“郊亭”往日身影萦绕在脑海里
当你站在湖畔时
都市的万家灯火
像百花盛开般的倒映在水面上
追忆往昔看看今朝
今天的时光
更换了昨日的身影
这就是现在的高碑店

◉ 民歌

纤夫号子

大家一使劲儿呀！唉嘿呦！毛驴铃铛响得欢啊，纤绳背在肩啊！兄弟抱成团啊，回家吃汤圆呀！大家一放松呀，回家喝北风啊！现已是隆冬，出汗暖融融。尽管皇木沉啊，大家要齐一心啊！大家一使劲啊，皇木往前顺啊！过了八里桥啊，到了郊亭闸（平津闸）啊，看到了籍东闸（庆丰闸）啊，兄弟们就开拔（跑了）呀！领回了拉纤钱啊，回家好过年啊！

◉ 碑记

重修五圣祠碑记

京都顺天府大兴县东便门外高碑店村后街西头，旧有五圣神祠一座。年深日久，风吹雨洒，坍塌倒坏，神像残颓。有小船户李德、张宝善，朝夕目睹，心意不安，发虔重修。拜化合村住户与众大小船户、大小铺面，喜捐资财，共成善事。

领修人：李德、张宝善、周文魁、孟永顺、刘海、张连、张永顺、张永泰、吕文焕、王永顺、刘永隆、于文秀、张凤祥、陈永、李茂、刘汇。

光绪十三年六月二十四日

高碑店村村铭

金秋盛事，艳阳朗月，雨顺风调，行大计，谱新篇，汇五千八百余众，立千年宝鼎之碑，以托世代之祥福而宣鸿愿。曰有高碑店者，清顺天府大兴县之属，现北京市朝阳区所辖。高楼密路之中，傍平津闸一泓映天之碧水；日新月异之时，守高碑店全村创业之宏图。继往开来，可考元明之滥觞；福殷百代，总赖当今之伟业。运河北至，一水千帆竞秀；通惠东旋，两岸万户争红。界域自成，似宝鼎之态，云集巧匠，数商贾雄才；地蕴灵奇，民安土重迁，天降福源，众持勤图盛。昔日福田肥水，鱼虾戏浪以为民生；今日缘古家具，文化称绝，富民强村。甘苦血汗，一改灌渠陈腐；古韵文化，铸就来日辉煌。微言秘籍，正待吾村民。诚为信，善为本，知兴废，拢民气，弘民风，扬民俗，教子孙传承。弃积弊，精勤勉，成百代繁荣，拓惊天动地之举，建千秋基业之功，寄希望于众村民之奋斗也。

二〇〇四年岁逢甲申八月仲秋作《村铭》，文凡二百九十五字以志

高碑店村民共立

◉ 墓志铭 ①

故荣禄大夫、后军都督、同知黄公墓志铭 ②

正统十四年正月四日，后军都督府都督、同知黄公真，终于宁夏之石沟驿。其子，匍匐扶柩而还。讣闻，上深悼惜，辍视朝一日，为文，遣礼部官赐祭、给赙，敕有司治丧葬。自公贵卿大夫而下咸往吊祭。将葬，镃襄绖奉状踵门泣拜，请铭诸墓。余观其行，因而叹曰：大丈夫以报国为忠，显亲为孝。如公之继承先志，克建乃勋，卒膺阃寄，蔚然为国之华，岂非武臣之表？表可称者哉！公字彦诚，祖讳导，从太祖高皇帝龙飞渡江，以战功授青州卫百户，进武略将军，济州卫指挥佥事，殁于王事。

故荣禄大夫、后军都督、同知黄公墓志盖

① 原文引自北京民俗博物馆编：《高碑店民俗文化志》，民族出版社，2007 年。

② 嘉议大夫、吏部左侍郎兼翰林院学士、知诰、修国史兼经筵官、恒山曹鼐撰，中宪大夫、太常寺少卿、直文渊阁、永嘉黄养正书，资德大夫、正治上卿、礼部尚书、前太子宾客兼国子祭酒、毗陵胡滢篆。

洪武己卯，太宗文皇帝靖难之师，命公袭父职，偕都督陈贤征哨。公夙夜效劳，遇敌奋勇先驱，屡战克捷，进指挥使。永乐甲辰，仁宗皇帝初即位，首拔公勇略，进都指挥佥事，镇守宣府万全右卫。公感激知遇，益殚心所务数年之久，士卒归心，境内清素。宣德乙卯，今上嗣承大统，以公守边旧臣，进骠骑将军、后军都督府都督佥事、充右参将，仍守其地。凡边防之宜整饬者，公皆极力经营，所在有备。适兀良哈散寇鼠窃边境，公受命率师击之。登危履险，日夜并进，掩贼不意，获其辎重，执首贼数人以献。上嘉其功，进荣禄大夫、都督同知。正统癸亥，膺召至京，命充总兵，佩征西将军印，镇守宁夏。公至，宣布恩威，申明号令，以劝以惩，士气整肃，继而修城堡，缮兵甲，简阅教习，咸有方略。屡上疏言宁夏孤悬黄河外，古为要害之地，今外制西北夷虏，内卫陕右诸郡，非他镇所比，宜选将益兵，广积粮刍，以严防守，皆见嘉纳。无几，得风疾，私念付托事重，寝食弗宁，即入疏请归闲。蒙遣医往疗，乃愈；已而，疾复作，遂陈词恳请，曰：臣仰荷列圣天地大恩，区区犬马之心固欲罄竭，驽钝少补于万一，但老疾日笃，筋力衰惫，不堪负荷，矧将为一军之首领而所守重地者乎！幸赐哀怜，诏从其请。遣敕褒谕慰劳，俾从容调摄还京。公承命，即日力疾启行，甫在途疾复大作，革呼镒曰：吾荷国厚恩，叨享富贵，愧未能补报。耳汝曹生际太平，惟忠惟孝，勉力图补，无忝先德，愧未能补报。耳汝曹生际太平，惟忠惟孝，勉力图补，无忝先德，则吾瞑目地下矣。语毕而逝，享年六十有七。宁夏将士闻之，皆哀感不已。亦有追而哭奠之者。其为人所慕如此。公性朴实淳谨，自早从师旅，至身都总师，所处泊然自若。略不以贵势骄人，且雅量旷达，与诸将处，含容逊顺，恒若弗逮；至商榷重务，则侃侃发论不少让。其待部曲官属必笃恩义，绥抚士卒与同甘苦，故得众欢心。懋著劳绩，历事四朝，位跻都府，存殁光荣，为时所重。是虽遭际之不偶，亦由存心制行有以迓承之耳。其先卢州巢县人，朝廷尝推恩追封其祖若考皆公官，祖妣郭氏，妣王氏，皆夫人。妻常氏，赠夫人，通州卫指挥同知彬之女，有淑行，先公二十八年卒，合葬公之墓。继氏王氏，封夫人。侧室徐氏。子男五，长即镒，次锺、铭、锦、钺。女四，长适万全右卫指挥同知李恭，次适宣府前卫指挥同知安瑛，次适羽林前卫指挥使胡旺，下未行。孙男六，琮、玺、妃、珊、璇、瓛。女五，俱幼，在室。公葬以终之年五月初六日，墓在通州糕糜店之原。铭曰：天眷国家，归命圣仁，芟乱除暴，尤资武臣。曰维武臣，世笃忠义，庆泽流衍，爰及后裔。桓桓黄公，厥有明征，乃祖暨父，克奋忠诚，忠诚伊何，前后一致。或老兵戈，或殁国事，积善有报，挺生英豪。既承世德，聿效勤劳，义旗之兴，仗剑前举，勇摧朽枯，其孰能御。眷兹懋绩，简在帝心，超托委任，宠命弥深。禆守北陲，总戎西夏，忠以事上，惠以恤下，饬兵严备，边境用宁，功著于时，恩赐于廷，历事四朝，垂五十祀。悃淳无哗，惟公之志，有德者寿，宜臻百年。曷星之陨，而不可延。都城东南，有崇其赍，铭以藏之，永世如永。

明故神宫监太监苗公墓志铭[①]

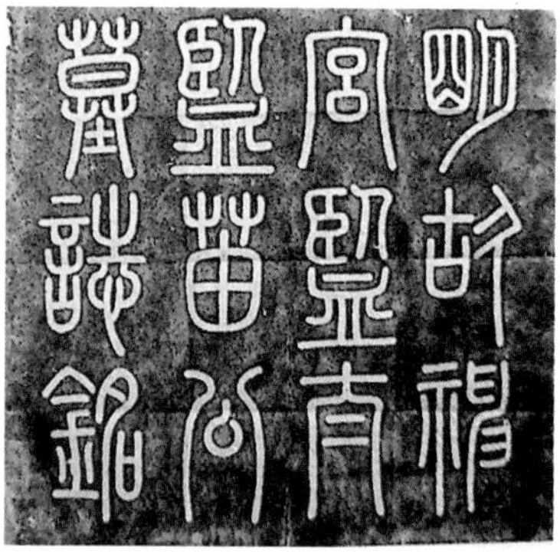

明故神宫监太监苗公墓志盖

公讳旺，姓苗氏，世为山西夏县人。大父清，有隐德。母太孺人，靖氏。公成化甲午进入内府，恭慎小心，夙夜匪懈，事务毕集，随选为办事长。随以积劳，连转随侍坤宁宫办膳。公闿爽有为，谙练事故，有难克济者，其长多以委之，至是无不乃尽，禆益良多。弘治戊申，点升尚膳监，管理霸□□河等处皇庄，公平心驭物，廉约宽厚，上不累公家之赋，下不亏小民之心，惟正是取纤毫无所入。每遇少有水旱虫蝗灾，即上奏闻，蠲免其他，所以为上为民之事，无不尽心竭力诚革，故垂后迄今，人咸称颂不忘。弘治丙辰，上嘉其劳勚，特赐蟒衣玉带。正德壬申，迁委茂陵治事。公仪状魁梧，温纯乐易，不事矫饰，官事未毕继之以日，性敦孝爱。兄盘，义官；弟广全，同；居白首无间言。戚里穷急，力为周施。而自奉俭约，不为禄位所移易，人皆喜其德之宏裕。下至旗校亦感慕无饮怨者。兄先卒，公念之不置厚葬，以礼不计其费。侄男，长山，义官；次霖，锦衣卫左所见，任百户；次天秀，学官。弟子员，次海、嵩、淮、洪、越俱勇士。皆蒙抚摩，教育有成，是亦可谓难已。公生于正统十年十月初五日卯时，卒于正德己卯五月二十六日，得寿七十四。以六月初十日葬于都城高碑店先茔之原。其卒之三日，内遣中官赐赙白金及治丧事，所以慰谕者甚至实异数也。余与有识，兹奉乡进士李文鸣状请铭诸墓，乃为之铭。铭曰：历任最繁兮，厥职孔修；全所终始兮，先民之仇；彼有德兮，泽或不流；嗟公生兮，击人戚休；公已去

① 赐进士出身、承直郎、刑部主事、真定王宇撰，光禄寺寺丞、预章王泉书，徵仕郎、中书舍人李升篆。

兮，孰恃孰求；后有过兮，尚有感于兹丘。

◉ 散文

高碑店娘娘庙会上的高跷

高巍

高碑店人通过养小金鱼闯出了一条生活出路，体现了一种创新精神，高碑店人还把这种精神用在了花会表演上。

北京花会的历史很悠久，所以它的规矩很多，各档香会聚在一起时，常因会礼会规呛呛起来，甚至动手。香会各档在发展中亦逐步程式化，对角色的要求尤其严格。

可高碑店居然不管这一套，非要在高跷表演中变更角色，就是由12个增为14个。这个想法居然得到了香会界的认可，你说高碑店人神不神?

按会规，增加角色这样的大事首先得跟圈里人商量，成不成由大伙定。

为此，高碑店高跷会的会首朱老太太出面，在东四牌楼下头的一家饭馆做东，请来聒噪档会首一起商议。增加两个角色的动议一提出，遭到了意料之中的反对。诘问不外乎这两个角色有什么出处，怎么讲，叫什么之类。对此朱老太太早已经成竹在胸，听到诘问便脱口而出：一个叫鲶鱼姥姥，一个叫嘎鱼舅舅！此言一出，众人哑了，可又有人提出，你这不是坏老祖宗的规矩吗？最后商量出一个折中的方案，这两个新增加的角色与其他香会相聚时，不许进辕门以里，辕门以外爱怎么走就怎么走。这等于是默认了两个新角色的出现。

打这儿起，高碑店高跷会名声更震，闻名四九城，而且成了高碑店娘娘庙会的压轴节目。

提起高碑店的娘娘庙会，在十里八乡没有不知道的，在中断几十年后，又于近年得到了恢复。由于高碑店人在春节前后挑着小金鱼进城叫卖，所以正月里的高碑店比其他村子显得冷清。为此，高碑店人决定利用端午节期间好好地热闹热闹，所以在高碑店，一年中最热闹的不是春节，也不是中秋，而是五月端午。娘娘庙会就在此间举行。这座娘娘庙位于高碑店村的中间，坐北朝南，分东西两院。所谓娘娘，据说就是王母娘娘，这在北京的众多寺庙中不多见。

高碑店的娘娘庙会从五月初一一直持续到初六，不仅香火盛，而且云集了四方的商贩，各种生活生产的用品应有尽有。前来逛庙会的人不仅可以采购到各种用品、吃食，而且可以观赏到各香会的精彩演出。

这其中包括二闸的钢铃舞狮、隆福寺和小郊亭的文狮、朝外二道街的少林，更有高碑店本村的高跷会。高碑店人管本村的高跷会不叫高跷会，叫大秧歌。因为它的表演生动热闹，不仅踩着高跷来回走。高碑店人将自己的生活生产特色融进了高跷表演，最有特色的就是鲶鱼姥姥和嘎鱼舅舅。外乡人来看的也是这一特色。

高碑店的高跷会是全村人的骄傲，参加者以养鱼、贩鱼的人为主，自愿参加。按老人的说法，卖鱼的人脸白，好化妆，所以原则上禁止外村人参加。

庙会期间的高跷表演，主要不是自娱而是酬神，即给王母娘娘献艺。

表演的地点就在庙前的高台阶上，高跷走台阶是高碑店人的一绝。不仅要上下灵活自如，而且要表演出一系列的精彩动作，同时穿插幽默、滑稽的表演，引起观众的惊叹和赞誉。

在音乐的伴奏下，表演者不断地变换队形，同时演唱出《水浒》《西厢记》等曲调。参加演出的角色，除了鲶鱼姥姥和嘎鱼舅舅外，还有渔翁、樵夫、文武扇和小二哥等，同时伴有锣鼓助阵。

高跷会在娘娘庙会前的表演是庙会活动的高潮，也成为高碑店人的一块文化品牌。

◉ 民间故事

通惠河运皇木

古时京城皇家修建宫殿、王府用的柁木、檩件、柱子、挑檐、门窗、雕梁画栋，皇宫、王府用的床笫、桌椅、书橱、衣柜、屏风、家具，皇家花园的亭子及各处的驿站，庙宇祭坛的建筑及神龛，皇子、公主婚嫁后宅第的修缮，皇帝、大臣的轿子、马鞍以及皇陵王墓的建造等，都离不开名贵木材的使用。而这些名贵木材都是通过京杭大运河经通惠河漕运抵达京城。木材到达通州后，先要进入皇木厂，也就是皇家木材仓库。朝阳区双井到百子湾一带就有个皇木厂，明初为堆放构筑宫殿木料的地方，清乾隆二十三年（1758）封为神木厂，成为皇家木材加工厂。据《日下旧闻考》记载，“神木厂有大木，高可隐一人一骑，明初构宫殿遗材。最大者称樟扁头，围二丈外，卧四丈余。其木有神，四周围以石护栏杆，清高宗弘历御制《神木谣》并立碑、建亭于巨木侧。”乾隆帝

《神木谣》写道："是称神木众木殊，春明旧迹久闻予。便中一览城东隅，长六丈余卧通衢。围乃不可规矩模，岿然骑者能蔽诸。四百春秋一瞬夫，雨淋日炙风吹敷。"可见当时皇木及皇木厂的规模。

当时由全国采集来的各种名贵木材、圆木，经过京杭大运河运到皇木厂，各处需用木材要报礼部、工部批准后方可使用。木材由皇木厂调出，经神木厂加工后运去安装。其间，要经过通州闸、杨尹闸、郊亭闸（平津闸）到籍东闸（庆丰闸）再到神木厂。从皇木厂到神木厂运输木材一般选择在冬天进行。这是因为春、夏、秋三季用船沿通惠河溯流而上，只运粮食、果菜、瓷陶器等易搬物品。木材、石材等体积大又重，通惠河、萧太后河采用通常的漕运是完成不了的。只能在通惠河冬季结冰时，在皇木厂用冰车将沉重的木材、石材放在上面，人工或小毛驴在两岸拉纤，慢慢地运往神木厂。

拉纤活分段进行，纤夫从通州皇木厂将皇木拉到杨尹闸，将拉纤的活交给上游的纤夫，这样一段一段交接，最终到达神木厂。整个过程由押皇木当差护送，贵重皇木还要系上红绸子、黄缎子，以示显耀与吉利。当时流传童谣："皇木在冰上溜，纤夫在岸上走，小心皇木别忽悠，忽悠不好要掉头，挣不着钱回家走，过不了年怎个愁……"

炸炸糕与闸闸高

据说1292—1293年郭守敬授命开辟运粮河时，由于工程艰巨，几番动工都未成功。为此，郭守敬带人对大都周围地形、水文进行勘测、调查之后，制定出切实可行的计划。当时郭守敬的方案得以实施，离不开元世祖忽必烈的支持。面对要解决南来北往、东行西进交通不便的问题及发挥水利作用，朝廷批准了郭守敬的方案，并调拨银两，由郭守敬规划、监督、开凿通惠河。郭守敬为了修整河运，耗费了大量的心血。带领水利官员、地方官员，沿途实地勘测、绘图。征调沿岸地方挖河民夫、瓦匠、木匠、石匠等两万余人，同时拟定建成后的地方管理措施。此河段在金时为闸河的一段，在旧河道的基础上，需要调整水势路线。北京地势西高东低，过去有齐化门（朝阳门）的门墩儿和通州的塔尖一般高的说法，海拔高低相差50多米。为了解决这个问题，郭守敬始终坚持吃住在工地，发现问题随时解决。

运粮河开工挖掘，场面十分壮观。沿途挖河现场，元兵两岸看守、监工，征来的民工铁锹挖，扁担挑，小车推，毛驴拉，把土往河坡上拽，上面有人把河土摊平在岸上，两人一组，用木夯夯实，夯土时还喊着人工号子。

郭守敬带着水利官员视察沿岸，频繁往返于京城大都至通州之间，废寝忘食，早出晚归。有一天天刚亮，郭守敬就带人骑马从京城一路向东视察。历时半年多施工的通惠河已经河底平整，河坡也夯实见形，河工劳动的场面和一路的风光尽收郭守敬眼底。

到了吃中午饭的时候，郭守敬一行劳顿，就来到郊亭用餐小憩。坐在那里，已 62 岁高龄的郭守敬不知不觉进入梦中，朦胧间只见一个白胡子白头发的老翁推着水曲柳木轮车，往郊亭走来。郭守敬觉得在哪儿见过这位长者。老翁到了郊亭处，支上菜籽油锅，点上木炭，清脆地喊起来："卖炸糕喽！卖炸糕喽！"郭守敬知道，地工每天的餐饭都是地方官员雇人送来窝头、贴饼子、咸菜加菜汤，给官员们加了烧饼夹肉。今天怎么出来这么一个老翁，来这儿卖炸糕？"炸炸糕"的叫卖声不绝于耳，听在郭守敬的耳中却变成了"闸闸高"，郭守敬心中暗想，老人莫不是在提醒我该如此筑河闸？"闸闸高"，对，就是"闸闸高"！这时，一声"郭大人辛苦，请用饭"的话语，惊醒了他。郭守敬睁眼一看，白发老翁已经不见了。"炸炸糕，闸闸高！"的声音还余音袅袅，不绝于耳。郭守敬忙带领随行官员举酒下跪敬拜，说道："吾守敬，字若思，受于皇命，为京城黎民百姓修此河道，还惊动神驾，承蒙指点，待漕河连通，定烧香供奉，不负神旨皇命，为我大元朝鞠躬尽瘁，死而后已！"

之后，郭守敬马上布置各处修桥筑闸。籍东闸（庆丰闸）、郊亭闸、花园闸、杨尹闸、通州闸及至西面的沿护城河各处的桥闸同时开工。修闸先要用杉木打桩（现今高碑店闸南岸敬老院内还有三四十根闸口打桩遗留下来的杉木），在河床下 3 米处夯实，再用石块铺砌上来，每块方石由八人才能搬动。石匠开凿闸槽、闸板，或用木匠打造木闸板，把河闸修成两个外梯形相距 5~6 米的闸坝，中间有一尺多宽的闸槽相对，上有用绳索提闸的绞关石（也叫挑闸板）。各处闸修成后，西水东流，落闸蓄水，提闸放水，并在两岸有农田处设置斗门（用于农田灌溉渠道中较小的固定的水闸），并设泄洪闸。通惠河漕运河道从此通行。

"鲶鱼姥姥"与"嘎鱼舅舅"

高跷秧歌按祖传规矩每堂角色有 12 个，而高碑店村的高跷秧歌角色却有 14 个。为了多两个角色，高碑店村高跷会的会头朱老太太在东四牌楼底下的一家饭馆，摆下几桌酒席，将各会会头请到，讲明自己多出两个角色的理由。果然与会者都不满意这两个新角色，认为破坏了祖宗传下来的规矩：12个角色、24根木栏杆。你这14个角色当什么讲？新多出的两个角色叫什么名字？面对这些质询和反对意见，高碑店人采取蛮横态度，即不同意的话就把吃进去的饭吐出来。从此新增了两个角色，称为鲶鱼姥姥、嘎鱼舅舅，并流传至今。

买卖人与骗子

很早以前，通惠河边有个网鱼卖鱼的老头，人很实在，又勤劳肯干，只是没文化不识字。他的老婆聪明机智，帮他打理着卖鱼的营生，他家有两个孩子。

孩子们一天天长大了，夫妻二人商量一下觉得应该让两个孩子识文断字，于是就决定送孩子们去私塾。私塾先生风流爱开玩笑，俩儿子刚施完拜师礼，先生笑着说："这是先生的，这是后生的。"卖鱼的老头没回过味来，一旁的老婆撇嘴一笑说："别管先生后生全是我儿子，好好教我儿子，我会尊敬您的。"私塾先生绕个弯把自己搭进去了，臊得面红耳赤。

卖鱼的家里生活还算殷实，有一驾马车，一挂牛车，一挂小驴车，卖鱼人每天用车把打来的鱼拉到集市上去卖。

一天，老婆帮老头把鱼装上马车，到城里集上去卖。集上来了一个陌生人，问卖鱼老头："鱼卖多少钱呀？"卖鱼的老头说："五块钱。""我出十块钱全买下了。"卖鱼的老头认为从天上掉下馅饼，高兴地答应了。当把鱼送到买鱼人的家里，老头卸下了鱼，接过了买鱼的给的十块钱，刚要赶着马车离去，这时候买鱼的人叫他把马车拴在院子里。老头问为什么？买鱼的人说："我是连鱼带马车一块买下来的。要不的话，我为什么出十块钱的高价呢。"买鱼的人和卖鱼的人争吵了一会了，就去找集市上负责的人评理。集市负责的人问卖鱼的老头："买主是说拿十块钱全买下来这句话吗？"老头说："是的。"集市负责人评判说："那样的话，买主有理，你把马车给人家留下。"卖鱼的老头委屈地说不出话来，哭着回到家中。

第二天，卖鱼的老头把鱼装上牛车，又去赶集卖鱼去了。这一次卖鱼的老头又碰上了头天的倒霉事情。买鱼的骗子又用头一天狡诈的话语骗过了他。集市负责人评理，又把老头的鱼和牛车断给了骗子。卖鱼的老头无处说理，只好自认倒霉。

话说到第三天，卖鱼的老头用小驴车装上鱼，又要赶集去卖。这时候，他的老婆帮他装完鱼后，来到车辕前说道："你的马车和牛车都被人骗去了，我倒想见识一下那个骗子，你看家，今天的鱼我去卖。”

老婆替老头赶着驴车去集市卖鱼。那个买鱼的骗子又来了，说道：“把鱼什么的全买上，五块钱行吗？”卖鱼的老婆回答说：“你如果把钱什么的全都给我，我就卖，一块儿卖总比零着卖强。”买鱼的骗子说：“好，都给你。”卖鱼的老婆把驴车赶到买鱼骗子的院子里，卸完了鱼后，问买鱼的骗子说：“买主，把驴拴到什么地方呀？”买主用手指给拴驴的地方。

骗子和卖鱼的老婆算完了账，把钱递给她。卖鱼的老婆抓上骗子的手说：“您答应把钱什么的全给我，也就是说这手都得给我呀。”他们为此争吵起来，又去找集市负责人评理。问清买卖双方后，集市负责人判买鱼的骗子多拿六百块钱给卖鱼人的老婆，算赎他的手。

骗子把六百块钱给了卖鱼人的老婆，就当着集市负责人的面说：“我用此招骗了好多人，从不失手。今天却栽在了你这个妇人的手里。你愿意不愿意再拿六百块钱，我们再比一下，看谁说出顶荒唐不实在的话，谁就赢得这六百块钱。”

卖鱼的老婆瞥了骗子一眼，同意了。双方各自把六百块钱放在集市负责人面前的桌上。骗子因为岁数大，又是男的，所以由他先说：“有一年，我种麦子，麦子长得真高，人骑着马走进麦地里露不出头来。一天，我家的六十只山羊钻进了麦地，钻进去再也没有出来。麦子收割完了，却不见山羊的影子。麦子收完了，磨成了面，我的老婆用白面给我蒸包子吃，蒸熟了，我拿起一个包子吃起来，吃了半天，怎么也吃不到馅。一下子吃出一块小石碑，上写：‘离馅三百里。’我就不停地吃下去。突然，我的嘴里有山羊在叫，接着从我的嘴里跳出一只山羊来，接着又跳出来五十九只山羊，山羊在麦地里吃的那叫肥呀，每只羊都比我买的那匹马大。”

卖鱼的老婆听骗子说完后，说道：“你说的都是实话，这样的事情在我们通惠河那一带常有。现在你该听我说了。我在我家地里种了一棵枣树，俗话说‘桃三杏四梨五年，枣树当年就还钱’，一眨眼就长成了一棵参天大树，太阳照得树影子可长了，骑马也得跑上一天，才能跑到树影子里边。枣熟的时候，我雇了六百人来摘枣，摘了好几个月也没有摘完，我把枣卖了，用卖枣的钱买了六十匹马，用六十架马车拉着卖枣的钱。我的两个兄长押着车回家。三年过去了，他们一点儿消息也没有，六十匹马也没有了下落。昨天我听说他们被人害了。我想这个消息是真的。因为我大哥的大衣你穿着呢。这件大衣是我亲手缝制的。他穿的就是这件衣服去押马车的。一定是你害了我的哥哥，抢去了他们的马匹和钱物的。”

买鱼的骗子一听，叫嚷着："那不可能，我没有见过你家大哥！"

周围的人们一片哄笑，骗子醒过腔来，可惜已经晚了，脸都气青了。他是哑巴吃黄连，有苦说不出。他心里明白，卖鱼的妇人赢了。

如果骗子承认这个小故事是真的，他就得偿命，或是交出赎命钱，而且还得拿出六十匹马和车上的钱物。

如果骗子承认这个小故事是假的，那他就得按照约定的条件，把六百块钱输给卖鱼的妇人。最后骗子只好输了六百块钱，他对卖鱼人的老婆说："你的机智胜过了我，我输了。"卖鱼人老婆利用自己的聪明才智给家里挣回了一千二百元钱。后来呢，在老婆的帮助下，卖鱼的营生越做越大。

这个故事也告诉我们，做买卖要诚实守信，签合同或口头协议一定要推敲字句，防止上当受骗。同时也告诫骗子"机关算尽太聪明，反算了卿卿性命"。

话喝酒

过去的高碑店人，尤其是那些拉纤的、船夫、做小买卖的、卖金鱼的、扛活的脚夫等等，经常会在酒铺坛子里打上二两白酒，就几粒花生米、茴香豆，一块酱豆腐或臭豆腐，一扬脖而下，累了解乏，饿了垫底儿，天冷了暖和暖和身子。几杯酒下肚，当天的见闻和明天的活计也就聊侃上了。高碑店人喝酒有一个优点，敬酒不劝酒，酒不拘，饭不拘，客随主便，主随客便。

高碑店当地流传着一个故事，过去有户人家，住着哥儿俩，忙碌一天，晚上回到家好喝口酒。这一天晚上，哥俩打了酒，买了熟食回到家，点上油灯，坐在炕桌边，开始喝起酒来。他俩性格直爽说话大嗓门，喝酒又好面子，酒少还得喝出兴趣来，就每次用几根马鬃缠在一起，哥俩就"你一鬃我一鬃"地喝起来。外面人听到的是"你一盅我一盅"的在喝。哥俩边喝边猜起拳来，用筷子说棒子、老虎、鸡、虫。不知不觉已到半夜，声音还是不断地从屋里传出来。俗话说：贼偷夜不偷月，偷风不偷雪。特别是伸手不见五指的黑夜，贼就更容易下手。这天半夜，有一个贼来到哥俩喝酒的窗户下，在窗下听着哥俩的声音，心想："一会儿该喝醉了，等哥俩酩酊大醉，我就可以下手了。"可是到了后半夜，哥俩还是"你一盅我一盅"没完没了。贼终于忍不住了，用手指舔蘸着唾沫，弄湿窗纸露出一个小洞，用一只眼往里一望，心里说了一声："我的妈呀，原来不是'你一盅我一盅'啊，今天算白等了。"只好蔫溜溜地撤出了院子，消失在黑夜中。

高碑店村村景

名人与名村

高碑店古村保持千年不衰，远近闻名，既有得天独厚的地理位置，又有祖祖辈辈的不懈努力。他们中有为高碑店的生存献计献策的外乡人郭守敬、吴仲、王润黎，也有为高碑店的发展鞠躬尽瘁、奉献一生的土生土长的村民张家斌、张宝善、沈玉珍、方志强等，还有为国家、军队建设献出了宝贵生命的革命烈士刘金旺、曾卫东。

郭守敬、吴仲等名人为高碑店村的形成、发展留下了不可磨灭的贡献，高碑店人将永远怀念他们。

◉ 名人与高碑店

修浚通惠河、修建平津闸的郭守敬 郭守敬（1231—1316），字若思，生于顺德府邢台县（今属河北省），元代天文学家、数学家、水利工程专家。史传称其“生有异操，不为嬉戏事”。其祖父郭荣，精通五经，擅于天文算数、水利方面的学问。大学者刘秉忠、张文谦、张易、王恂等一起在邢台西南的紫金山读书时，郭荣让郭守敬跟从刘秉忠学习。刘秉忠精通经学和天文学，郭守敬受益颇多。

元中统三年（1262），时任左丞张文谦向元世祖忽必烈推荐郭守敬，称其善习水利，巧思过人。郭守敬受到元世祖召见，他面陈关于水利建设的建议六条，主要是关于兴修水利、灌溉航运的。郭每奏一事，忽必烈都点头称是，对其颇为赞赏。郭所奏第一条，就是关于通惠河的，他指出，中都（今北京）旧漕河，东至通州，如引玉泉山之水，则可以通行舟船，每年可节省雇车钱六万缗。他随即被任命为提举诸路河渠，掌管各地河渠整修和管理工作。次年，朝廷又加授郭守敬银符，升任为副河渠使。

至元二十八年（1291），朝廷派遣太史令郭守敬视察地形，以确定滦河

郭守敬雕塑

等河是否可以用于运河。郭守敬趁机上奏水利之事 11 条。其中一条即兴修大都运粮河。他的建议是，不用从前的一亩泉原水，引北山白浮泉水，西折向南，经瓮山泊，从西水门入城，汇聚于积水潭，再向东，折而向南，出南水门，汇合进入旧运粮河。然后，每十里设置一闸，自京城至通州，共设七道闸，每闸一里左右处，各设斗门，互为提阀，用来遏水行船。元帝十分赞许，诏令速行，并再次设立都水监，令郭守敬主持。开工之后，元帝还命令丞相以下官员，都亲执畚锸，现场参与，且听候郭守敬的指授而行事。此前，通州至大都，官粮全靠陆路运输，每年运输数万石粮食，遇上秋天霖雨，驴畜死者不可胜数。运河修成后，这种现象即不复存在。至元三十年，元帝从上都（今内蒙古自治区锡林郭勒）返回大都，经过积水潭，看见舳舻一片，蔽覆水面，非常高兴，当即赐名运河为通惠河，赏赐郭守敬一万二千五百贯钱钞，仍令其以旧职兼提调通惠河漕运事。郭守敬又上言：在澄清闸稍东，引水与北坝河相接，且于丽正门西设立水闸，可令舟船环城往来。未得许可。

疏通惠河保留平津闸的吴仲 吴仲，字亚甫，江苏武进人，正德丁丑进士，曾官处州府知府、南太仆寺少卿。明初，大将徐达修建北京城时，北京城南城墙向南移，从万宁桥到崇文门外的河道已不便漕运。漕运只能到东便门外的大通桥下，因此通惠河当时又叫大通河。明永乐年间修建的紫禁城、社稷坛、太庙、天坛等皇家古建，所用的大木、神木等，只能运到崇文门外，故在崇文门外建立了“神木厂”（今花市大街处）。以后通惠河又遭淤塞，虽有几次疏通，但因各种原因，疏通失败。嘉靖七年（1528），吴仲以御史巡按直隶，上书请求重新疏浚。吴仲按照郭守敬引水路线加以疏通，在通惠河上设置五道闸门，在东便门外大通桥设头闸，将庆丰闸设为二闸，将高碑店（平津上闸）设为三闸，将花园（平津下闸）设为四闸，将普济闸设为五闸。粮船只能在闸与闸之间行舟，粮船到闸口，不能过闸，每至闸门都要人工搬运粮食，先后由人工搬运五次最终抵京，并取得成功。在吴仲修通通惠河之前，漕粮从通惠河搬到京师每年的脚架费达十几万两，改用通惠河之后，当年漕运只花费七千两，年节省十万两白银。通惠河重修成功之后，吴仲又上书关于维护通惠河的五项措施，嘉靖帝都按照他的意见实行。嘉靖帝看到之前那么多朝几次修都没有成功，而自己在位期间，在吴仲主持下，短短几个月就修通了通惠河，非常高兴。所以当通惠河浚通之后，他带着文武百官员坐船来到通惠河上，对吴仲大加赞赏，在赏赐吴仲黄金的同时，并升其为处州知府。通惠河重修几年内发挥较大的作用，当时的工部尚书秦金向皇帝上了一道奏章，说通惠河的修通对国计民生非常重要，在奏章里特别赞扬了吴仲的功劳。后来吴仲外调处州时，唯恐时间久远，则其法浸弛，故于舟中将疏浚通惠河情况编为一部《通惠河志》，上奏朝廷，嘉靖帝诏令刊行，并命采入《会典》。这成为记述通惠河的唯一一部专书。该书上卷载闸坝建置开浚事宜，而冠以源委图说，中卷及附录皆诸司奏疏，下卷皆为碑记文章。

◉ 人物传略

高跷会创始人张家斌 张家斌，生卒年不详，约生于清朝晚期，高碑店村人。他的名字与其在乡域的影响及其创办高碑店村高跷会密不可分。清光绪十二年（1886），张家斌在本村一位秦姓村民所组织的“童子军高跷队”基础上，创立了高碑店村高跷会。

为了高跷会，张家斌呕心沥血，筹划制作高跷，购办各种表演服装道具，安排排练、演出等事务，几乎耗尽了全部家产。至今在高碑店村还流传着一种说法，即“没有张家斌，就没有高碑店的高跷会”。

高碑店善人张宝善 张宝善，生卒年不详，高碑店村人。清光绪二十六年（1900）前后，他在高碑店开设第一家茶馆，地点在龙王庙。当时，张宝善经营花船业务，所以被称为“花船张记”。由于其经营花船和茶馆生意，又乐善好施，在高碑店村很有人缘。家境殷实的张宝善，助人为乐，热心村里公益活动，每年都组织筹办娘娘庙庙会、大秧歌走会，还组织维修公产、公益筹款等事项。清光绪十二年，张宝善与村里人一起联络村中富户筹款建立起“公益助善歌省会”。次年，他还与李德等人联合村内大小船户和商铺重修了村西“五圣祠”。他对龙王庙的庙产管理更是十分精心。龙王庙是当年高碑店最大的庙宇之一，建筑宏伟，1936 年时尚有房屋 23 间，占地三亩一分九厘，该庙最后一次重修也是张宝善筹款主持的。张宝善用开茶馆赚的钱来维护维修娘娘庙和行善。1945 年，他因病双目失明，将茶馆转让给刘禄的三叔，用茶馆的器具换得一副寿材。

王润黎

教育传播者王润黎 王润黎（1909—1989），原名王子厚，河南南阳人，河南南阳师范学校毕业。1928 年加入中国共产党，长年以教师身份作掩护，开展地下工作。1935 年，南阳地下组织遭到破坏后，他与组织失去联系。1936 年只身到北平，曾在北大当旁听生，后到北平教育局谋职，主动要求到东郊高碑店村从事教育工作。其间，王润黎先后担任高碑店小学教员、校长等职。1946 年 11 月 7 日，作为高碑店小学校长的王润黎开办高碑店工学团服务团（全称“北平东郊教育实验区高碑店工学服务团”），最初的校舍在通惠河畔的古庙中。他按照陶行知“生活教育”学说和工学团形式，建立起中国北方唯一的工学团组织。工学团是教育家陶行知倡导的新型学校组织形式，意为“工以养生，学以明生，团以保生”。他还向百姓集资，为民开办供销合作社，经营百姓所需的日用百货。他还组织艺术团体编戏、排戏、演戏，活跃丰富百姓的文娱生活。他又组建高碑店村卫生院，将简易卫生保健扩展为外科、内科、牙科、妇产科等多种科室，对外门诊。1949 年，王润黎离开高碑店。1952 年，高碑店工学团被人民政府接收，改为北京第十七中学。1988 年，王润黎在“高碑店工学服务团”老学员张恒、廖淑珍、赵国钧、马延敏、高义等人陪同下，再访高碑店。

北京市劳动模范沈玉珍 沈玉珍（1933—2012），女，汉族，高碑店村人，高小文化。解放前，沈玉珍全家五口人仅靠父亲做木匠活维持生计。从九岁起，她就在家学做绣活、纳鞋底。1950 年 11 月，在北京东郊区大黄庄乡参加工作，担任团支书。1953 年 1 月加入中国共产党。1953 年 6 月担任北京东郊区大黄庄乡乡长。1956 年担任北京东郊区高碑店乡乡长，因工作突出，于 1954 年、1955 年、1957 年、1958 年、1963 年先后当选北京市农业劳动模范，荣获两枚劳动模范奖章（其中一枚于 2009 年收藏于北京市朝阳区档案馆）。1972 年，她服从组织安排，调入北京市无线电元件厂工作，1980 年 11 月退休。1982 年经居民推荐选举，担任朝阳区高碑店乡东大楼居民委员会主任，从事居委会工作达十年之久。2012 年因病去世。

沈玉珍（左二）在田间与社员交流

北京市农业劳动模范方志强 方志强（1963—2008），大学文化。2000 年担任高碑店地区办事处（乡）高碑店村党总支书记。2000 年 12 月被评为北京市农业劳动模范。2004 年担任高碑店地区办事处（乡）副主任（副乡长）。2007 年任职于北京市朝阳区奥林匹克管理委员会主任。2008 年 4 月，在奥运工作中因公殉职。

方志强（中）在召开会议

因公牺牲的刘金旺 刘金旺（？—1973），汉族，出生于高碑店村，中共党员，武汉军区后勤某基地政治部战士。1973 年 1 月，在湖北省汉川县执行任务中牺牲，被批准

革命烈士证明书

刘金旺 同志 在革命斗争中 壮烈牺牲，经批准为革命烈士，特发此证，以资褒扬。

中华人民共和国民政部
一九八三年 六月十五日

刘金旺革命烈士证书

为革命烈士。

见义勇为的曾卫东 曾卫东（1973—1994），高碑店人，出生于高碑店乡北花园村花西生产队。1991 年考入北京市第十七中学职高班机电专业。1993 年，加入中国共青团。1994 年分配到高碑店污水处理厂（在高碑店村辖区）实习。当年 4 月 19 日，曾卫东因抢救不慎落入污水池一王姓工程师光荣牺牲。北京市政府追认其为革命烈士。

◉ 模范人物表

高碑店村部分国家（含部）级劳模、先进个人一览表

表 10

姓 名	单 位	荣誉称号名称	年 份	颁奖单位（部门）
费文忠	第十七中学	全国少年儿童先进工作者	1960	—
龚延鸿	高碑店中心小学	全国优秀教师	1993	教育部
支芬（女）	高碑店村	全国劳动模范	2002	全国总工会
支芬（女）	高碑店村	全国劳动模范	2005	全国总工会
支芬（女）	高碑店村	全国三八红旗手	2006	全国妇联
支芬（女）	高碑店村	全国优秀党务工作者	2006	中共中央组织部
支芬（女）	高碑店村	百姓金口碑功勋新闻人物	2007	民政部、农民日报社
支芬（女）	高碑店村	全国三八红旗手标兵	2012	全国妇联
支芬（女）	高碑店村	全国妇女创先争优先进个人	2012	全国妇联

高碑店村市（含局）级劳模、先进个人一览表

表 11

姓 名	单 位	荣誉称号名称	年份	颁奖单位（部门）
李春林	高碑店乡	北京市农业劳动模范	1956	北京市政府
李德祥	高碑店乡	北京市农业劳动模范	1956	北京市政府
李春林	高碑店乡	北京市农业劳动模范	1957	北京市政府
李德祥	高碑店乡	北京市农业劳动模范	1957	北京市政府
张德泉	高碑店乡	北京市农业劳动模范	1957	北京市政府
沈玉珍（女）	高碑店乡	北京市农业劳动模范	1957	北京市政府
沈玉珍（女）	幸福人民公社	北京市农业社会主义建设先进个人	1958	北京市政府
曹秀芳（女）	高碑店幼儿园	北京市教育先进工作者	1959	北京市教育局
常秀峰	高碑店中心小学	北京市教育先进工作者	1959	北京市教育局
费文忠	第十七中学	北京市教育先进工作者	1959	北京市教育局
沈玉珍（女）	高碑店人民公社	北京市农业劳动模范	1963	北京市政府
刘亮	高碑店大队	北京市农业劳动模范	1965	北京市政府
王艳甫（女）	高碑店饭店	北京市劳动模范	1984	北京市政府
潘荣华	—	首都见义勇为好市民	1991	首都精神文明建设领导小组办公室、《北京晚报》
支芬（女）	高碑店村	北京市劳动模范	2005	北京市政府
支芬（女）	高碑店村	首都巾帼之星标兵	2006	北京市总工会
支芬（女）	高碑店村	北京市有突出贡献的农村实用人才	2008	北京市委、市政府
支芬（女）	高碑店村	北京奥运会、残奥会个人功勋奖	2008	北京市委、市政府
支芬（女）	高碑店村	北京市农村高级实用人才	2011	北京市委农工委、市农委

大事纪略

◉平津闸和漕运码头的形成

通惠河流经高碑店村 2300 米，西起高碑店村西社区，东至五环路。通惠河于元至元三十年（1293）完工，原闸名为“郊亭闸”，两年后改名为“平津闸”，沿用至今。每个闸口都有装卸货物的码头，即漕运码头。高碑店村由平津闸的漕运码头形成。高碑店村的平津闸保存完好并得以修复。清光绪二十六年（1900），通惠河漕运停运，高碑店村结束了漕运码头的历史。

◉1949 年建立人民政府

1949 年 2 月 11 日，高碑店村废除保甲制，建立高碑店村人民政府。新的基层政权叫行政村，设村长和副村长，朱兴任高碑店村第一任村长。

◉1957 年年底修建东南郊灌渠

1957 年 12 月 31 日，东南郊灌渠正式开工。高碑店乡组织数百人参加义务劳动，1958 年 1 月 4 日完工。参加劳动的区、乡干部与施工人员在工地上度过元旦，用四天半时间完成 20 万立方米土方。1 月 5 日《北京日报》发表题为《大干快上的榜样》的短评报道。

◉1958 年始隶属朝阳区

1958 年 5 月 3 日，北京市决定并经国务院批准，东郊区改为朝阳区。高碑店村改称为朝阳区高碑店乡高碑店村。8 月 25 日，朝阳区委决定成立幸福人民公社，办公地点设在高碑店村。高碑店村称为朝阳区幸福人民公社高碑店村，今仍属朝阳区。

◉完善社会保障制度

1995 年 1 月，高碑店村经济合作社统一实行老社员退休制度，全年发放退休金 150 万元，1050 名老人领取退休金。1997 年，高碑店村经济合作社实行合作医疗。

◉2005 年始开展对外民俗接待

2005 年 3 月 8 日，高碑店村民俗接待户迎来了第一批外国游客。在农户家，客人们学炒中国菜、包饺子，上街学扭秧歌、踩高跷等。 4 月 8 日，朝阳区国际民俗旅游接待户启动仪式在高碑店村举行。仪式上，为首批达标的 10 户高碑店村民挂牌。2006 年 2 月 12 日，北京电视台《荧屏连着我和你》摄制组在高碑店村拍摄正月十五特别节目，邀请墨西哥、牙买加、突尼斯、孟加拉 4 国大使以及克罗地亚、匈牙利、澳大利亚、科威特、尼泊尔、斯里兰卡 6 国大使及夫人等 26 人，与高碑店村民共度元宵佳节。2013 年 4 月 12 日，来自澳大利亚的一家四口到高碑店村国际民俗旅游接待户家中做客；4 月 20 日，香港女子学校的 44 名学生到村 3 个民俗户家里体验民俗餐饮文化游。2016 年 3 月 21 日中午，来自美国的一对夫妇专程到高碑店村学习、体验手工活动——剪纸。

◉ 2005 年始举办中元河灯节

2005—2016 年，高碑店村每年举办中元河灯节，每年的主题不同，但都以“弘扬孝道文化、传承传统美德”为主旨，每年的固定活动为放河灯。

◉ 2005 年高碑店古典家具一条街被命名为北京市特色商业街

历史上，高碑店是一个商贾云集的漕运码头，就有珍贵木材制成的家具行业。而这些原本只供皇宫享用的家具，更是颇受当时达官显贵和外国客商的喜爱。由于清末殖民势力的入侵，新中国建立之前的战乱以及后来的“文化大革命”，使高碑店古典家具业的发展受到了极大的影响和冲击。从 20 世纪 90 年代起，随着改革开放的推进，来自河北、山西、内蒙古等十几个省、市、自治区民间的古典家具涌入，经过能工巧匠修补翻新后，这些家具变成一件件具有浓郁中国文化特色的、颇具收藏和实用价值的家具精品。北京一些经营古典家具的商户，也自发迁移到高碑店村。2003 年 10 月，高碑店村成功举办首届古典家具展示会，提升古典家具街的知名度，吸引大量商户主入驻，12 月入驻家具街的商户增至 202 家。2005 年 8 月 26 日，高碑店古典家具行业协会揭牌。12 月 2 日，北京市商务局命名高碑店古典家具一条街为“北京市特色商业街”。

◉ 2006 年恢复漕运庙会

清末民国初，高碑店村民的文化活动主要集中在赶历年传承的龙王庙、关帝庙、朝阳庵、五圣祠和娘娘庙五大庙会，因这些庙会都集中在漕运码头附近，故统称为漕运庙会。在娘娘庙被拆后，本地成立文工团，建立起高碑店文化馆、在娘娘庙的遗址上建起了高碑店小学校。2006 年 1 月 22 日，恢复漕运庙会。

◉新农村规划

2006年，朝阳区政府将高碑店村列入北京市社会主义新农村建设试点村和通惠河滨水文化带规划。规划要求“旧村保留，更新改造”。保留古典家具产业用地，发展产业；西社区进行旧村保留，自行更新改造。2009年，高碑店村制定出西社区的整体规划方案，并通过了朝阳区政府的审核。截至2011年年底，高碑店村新农村建设完成总面积15.5万平方米，总宅基地面积10.5万平方米，1528户，常住人口2576人，一期178个院，二期208个院，三期236个院。一层全部按照商业用房设计，既可以自主经营，又为产业发展提供充足的空间。

◉2006年承办首届端午民俗节

2006年5月27—31日，由中国民俗学会、北京市文联民间文艺家协会、北京非物质文化遗产保护中心以及朝阳区委宣传部、区精神文明办公室、区农委、区文化委、区文联主办，北京民俗博物馆、高碑店乡和高碑店村承办的首届端午民俗节在高碑店村民俗文化园和古典家具街举行。

◉2006年第九届国际旅游文化节分会场

2006年9月23日，第九届国际旅游文化节分会场在高碑店村举行。其间俄罗斯、西班牙、德国、法国4个国家的121名演员参加演出。10月13日，高碑店村在“第九届国际旅游文化节”上被评为最佳影响力奖。

◉2006年形成“三二五四”格局

2006年起，根据朝社批字〔2005〕10号文件精神，村先后合并成立四个社区，分别是文化园社区、高碑店西社区、高碑店东社区、高碑店古街社区。截至2016年12月，形成“三二五四”格局，即三街：古典家具文化街、水乡茶楼文化街、国粹书画艺术街；两桥：高碑店古街东桥、高碑店古街西桥；五大道：高碑店老街大道、高碑店东街大道、高碑店西街大道、高碑店五环大道、高碑店滨河大道；四区合力聚亿元：高碑店东社区、西社区、文化园社区和古街社区各打自己的优势仗，从商住文化、传媒产业、滨河景观旅游到书画艺术创意和古典家具文化及水乡茶楼文化的发展和经营管理，四轮齐驱扩规模、上档次，使高碑店村年集体纯收入达亿元。

◉ 2007 年成立高碑店西社区和事佬民生协会

成员都是群众中德高望重的人，其中有老党员、老干部、退休教师、退休农民、社区文艺骨干等，有党员也有群众，是村民自治的群众组织。协会会员们利用自身优势讲情重礼，在村民民调工作中发挥“矛盾润滑剂”的作用，充当中间人调解矛盾。

◉ 2009 年高跷秧歌成为非物质文化遗产

高碑店村高跷会成立于清末，是村民张家斌对一位秦姓村民组织的“童子军高跷队”进行了正规化整顿后形成的。“文化大革命”后，高碑店大队党总支决定恢复高碑店村高跷会，于 1979 年重建起高跷会队伍。1987 年、1988 年、1989 年参加龙潭杯花会表演赛，均获第一名。2003 年 10 月，重整高跷会。2005 年春节期间，高碑店村高跷会走进英国伦敦市中心特拉法加广场，其精彩表演得到数万名游客的阵阵喝彩。2009 年 10 月，高碑店村高跷秧歌被列入第三批北京市非物质文化遗产保护项目。

◉ 2012 年举办第八届古典家具文化节

2012 年 10 月 26 日，高碑店村在高碑店古典家具街鲁班馆门前举办第八届古典家具文化节暨第二届高校学子木雕艺术大赛、我眼中的最美丽乡村——北京高碑店摄影展开幕式。

◉2012 年始举办“二月二”民俗文化节

2012 年高碑店村开始举办“二月二”民俗文化节，每年一届。2012 年、2013 年为民间花会走街活动，2014—2016 年在漕运文化广场进行民俗表演。

◉2013 年国粹艺术街开街

高碑店国粹艺术街全长 700 米，占地面积 48 万平方米，建筑面积 38.6 万平方米。艺术街入驻各类艺术厅堂院馆 520 余家，使几个大的主体院馆建设成规模化发展。高碑店国粹艺术街的构建与发展与高碑店社区建设、古典家具街的提升发展和中医药文化园的建设同步进行。

◉2013 年举办第六届中国工艺美术大师优秀作品展

2013 年 8 月 1—15 日，第六届中国工艺美术大师优秀作品展在通惠河畔文化创意产业园区国粹苑盛大开展，共展出 78 位中国工艺美术大师的优秀作品 300 余件。此次展览由工业和信息化部支持，中国轻工业联合会主办，工业和信息化部北京三达经济技术合作开发中心与北京国粹苑共同承办。

新居新气象

附录

高碑店村的历史是一部尚未完成的历史，还需要千千万万的高碑店村人去努力，创造出更加美丽的篇章。

◉ 专题调查

生活革命、文化融合与社会治理（节选）
——高碑店艺术文化村调研报告

第一章　从乡村到城市：高碑店村的生活革命

在剧烈的时代变革浪潮中，高碑店村自上世纪 90 年代以来已经发生翻天覆地的变化，今天高碑店村所有的发展道路、发展方向乃至远期规划，都与这一巨大的变化有关。因此，在详细说明高碑店村今天转型成为“艺术文化村”过程中所面对的机遇、挑战与困境之前，非常有必要对这一重大历史变化的时间、脉络以及具体情况进行说明。

第二章　从社会融合到文化融合：高碑店村二次飞跃的路径

正在高碑店村发生的生活革命，其实也是整个中国社会的缩影。自从改革开放以来，不仅中国大量农村地区正面临或正在经历城镇化的历程，或是受到城镇化浪潮的影响，传统城市也同样正走在城市膨胀和全面现代化的道路上。在这一过程中，大量农业人口或从事与农业生产有关的人口，以主动或被迫的姿态进入城市，本地人口与外来人口之间的关系成为重要的社会问题。尤其像高碑店村这样地处超大城市边缘地区的郊区村落，更成为大量外来人口居住、逗留和工作的重要空间。如何有效处理本地人口与外来人口之间的关系，充分发挥双方的潜力与创造力，实现本地社会健康、和谐、有序的发展，是摆在当代中国城市化进程中的突出问题，也是世界各国在城市化发展过程中都必须要面对的关键性问题。

关于这一问题，各国社会学家大多用“社会融合”概念进行分析和讨论。所谓“社会融合”，即社会团结与社会整合，特指把个体结合在一起的社会纽带，是一种建立在共同情感、道德、信仰或价值观基础上的个体与个体、个体与群体、群体与群体之间的，以结合或吸引为特征的联系状态。20 世纪 90 年代以来，在经济全球化的大背景下，新的社会问题在世界范围内不断出现。仅仅针对贫困、失业和发展失衡等单个社会问题所制定的政策经常不能如预期一样发挥作用，此时，政策制定者和分析家们强烈地感觉到，应该把“社会融合”作为促进社会健康发展的基础、标准以及目标和手段，社会融合的程度就直接表明了社会健康发展的程度，同时也决定了社会进一步发展的潜力。这一概念随后也用于解释和研究中国社会问题，但中国本土社会学家研究社会融入，主要集中在研究农民工、残障人士、健康缺陷人士、移民等弱势群体如何融入主流社会的问题，解决社会融入的关键是“赋权”，即给予弱势群体足够的关注与权力，使其可以成为城市居民的一分子。但本项目组经过调研后发现，这样的分析框架并不适于描述高碑店村的社会融入模式。高碑店村的外来人口以文化产业居民为代表，他们中很多是资本雄厚的企业家，或是文化层次较高的文化雇员，其所述的社会阶层与身份地位绝不可与普通“农民工”同日而语。他们所面对的本地村民，作为房产主和土地的主人，对自己的村落历史与传统文化也有强烈的认同感与文化自信，两个群体的相遇，不是提高一方社会地位使其融入另一方的问题，而是两个强势文化群体的相遇与碰撞。这恰恰是中国社会学家们尚未探讨过的问题，但却正是北京历史上曾经大量发生过的文化融合现象。从北京历史上看，无论是字画雅集的琉璃厂，还是会馆林立、文人汇聚的宣南文化区，无一不是大量南方文人士子进入北京后，以群体性的、高度自信的文化组织的方式，与北京当地文化碰撞、交流、融合的产物。正是这种文化上的“强强对话”与“强强联合”，才产生了北京这一举世无双的都市文明。而今天的高碑店村，正在重走这一历程，可以说，从社会融合到文化融合，不仅是高碑店眼下面临的重要问题，也是中国城市文明独特气质的形成问题。

2016 年 11 月

◉ 村歌

高碑店村之歌

1=C 2/4
词：王静　曲：王云鹏
优美、自信抒情地
我们的村庄好，我们的村庄美。环境整洁
我们的村庄真好，我们的村庄真美。祥和礼仪
家园美，精神文明好风尚。通惠河畔绿成荫，
是目标，家和人好万事兴。男女老少齐参与，
古典文化兴我村。改革开放前景好，规划有序展新
怡心园内笑声扬。秧歌高跷歌声飘，全民健身意识
貌。村规民约来遵守，尊老爱幼是美德。
高。总支领导来决策，打造富民小康村。
高碑店村我的家，我们都很热爱她。
高碑店村我的家，我们
都很热爱她。

◉ 村民书画作品

孟淑英国画作品《吕洞宾》

魏香云国画作品《福寿延年》

魏香云国画作品《松鹤延年》

苏敬国画作品《鹰——大展宏图》

王玉龙国画作品《山水》(四条屏)

康芳国画作品《一马当先》

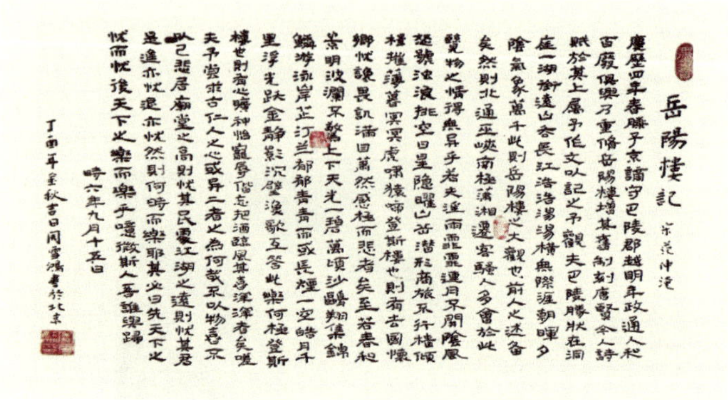

周雪鸿书法作品《岳阳楼记》

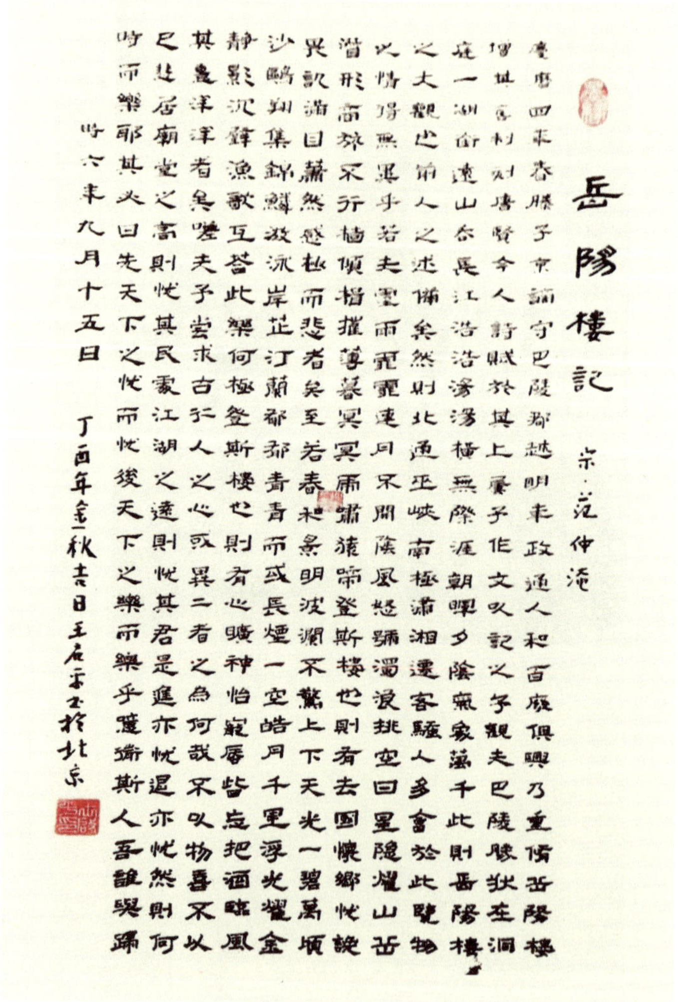

王启平书法作品《岳阳楼记》

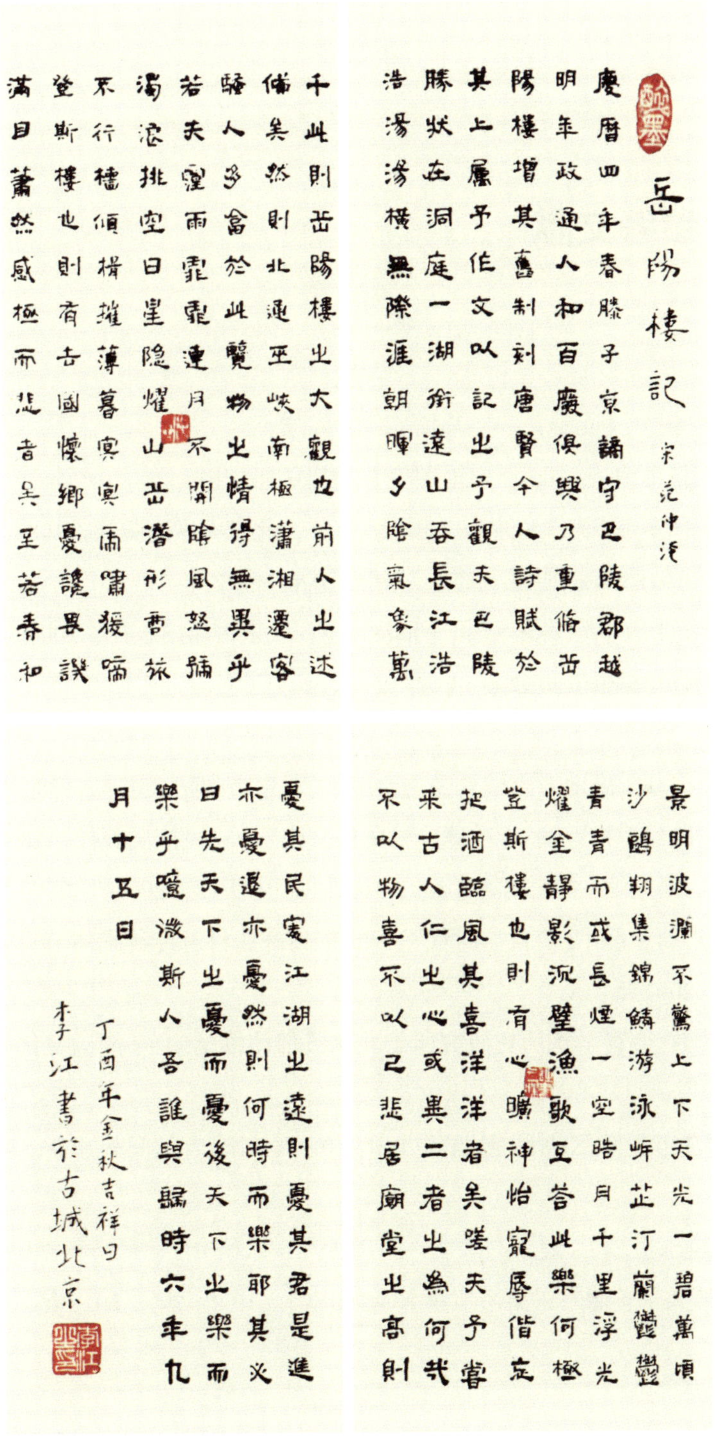
岳陽樓記
宋范仲淹
慶曆四年春滕子京謫守巴陵郡越
明年政通人和百廢俱興乃重修岳
陽樓增其舊制刻唐賢今人詩賦於
其上屬予作文以記之予觀夫巴陵
勝狀在洞庭一湖銜遠山吞長江浩
浩湯湯橫無際涯朝暉夕陰氣象萬
千此則岳陽樓之大觀也前人之述
備矣然則北通巫峽南極瀟湘遷客
騷人多會於此覽物之情得無異乎
若夫霪雨霏霏連月不開陰風怒號
濁浪排空日星隱耀山岳潛形商旅
不行檣傾楫摧薄暮冥冥虎嘯猿啼
登斯樓也則有去國懷鄉憂讒畏譏
滿目蕭然感極而悲者矣至若春和
景明波瀾不驚上下天光一碧萬頃
沙鷗翔集錦鱗游泳岸芷汀蘭鬱鬱
青青而或長煙一空皓月千里浮光
耀金靜影沉璧漁歌互答此樂何極
登斯樓也則有心曠神怡寵辱偕忘
把酒臨風其喜洋洋者矣嗟夫予嘗
求古人仁之心或異二者之為何哉
不以物喜不以己悲居廟堂之高則
憂其民處江湖之遠則憂其君是進
亦憂退亦憂然則何時而樂耶其必
曰先天下之憂而憂後天下之樂而
樂乎噫微斯人吾誰與歸時六年九
月十五日
丁酉年金秋吉祥日
李江書於古城北京

李江书法作品《岳阳楼记》

◉ 主要参考文献

1. 宋濂等撰：《元史》，中华书局，1976 年。

2. 谭其骧主编：《中国历史地图集》，中国地图出版社，1982 年。

3.〔清〕缪荃孙辑佚：永乐《顺天府志》，北京大学出版社，1983 年。

4.〔明〕吴仲撰：《通惠河志》，中国书店，1992 年。

5.〔清〕于敏中等编纂：《日下旧闻考》，北京古籍出版社，2001 年。

6. 大兴县志编纂委员会编：《大兴县志》，北京出版社，2002 年。

7.〔明〕张爵：《京师五城坊巷胡同集》，线装书局，2002 年。

8. 北京市朝阳区地方志编纂委员会编：《北京市朝阳区志》，北京出版社，2007 年。

9. 北京民俗博物馆编：《高碑店村民俗文化志》，民族出版社，2007 年。

10. 方志新主编：《魅力高碑店》，中国书画出版社，2007 年。

11. 方志新主编：《节日与时代——北京高碑店村对传统民俗节日的记忆》，中国书画出版社，2007 年。

12. 中国社会科学院历史研究所、北京民俗博物馆编：《漕运文化研究》，学苑出版社，2007 年。

13. 北京市朝阳区高碑店地区办事处编：《高碑店民间故事》，中国时代出版社，2009 年。

14. 徐艳梅主编：《健康高碑店——理论与实践研究》，经济科学出版社，2012 年。

15.《清实录·德宗景皇帝实录》(影印本)，中华书局，2012 年。

◉ 编纂始末

2016 年 11 月，朝阳区地方志办公室启动编纂《高碑店村志》资料收集和课题调研工作。2017 年 6 月，高碑店乡高碑店村经北京市地方志办公室推荐，作为“新农村建设示范村”参加全国首批名村志的编纂。收到北京市地方志办公室《关于推荐高碑店乡高碑店村申报中国名村志文化工程的函》后，朝阳区地方志编纂委员会办公室主任王春清向朝阳区地方志编纂委员会常务副主任、副区长王志勉作了有关中国名村志文化工程情况的汇报。王志勉当即作出批示，要求朝阳区地方志办公室组织落实并高质量完成村志编纂工作。随后，朝阳区地方志办召开会议，落实有关指示和要求，在与朝阳区委农工委（农委）、高碑店乡和高碑店村充分沟通的基础上，制订了《高碑店村志编纂工作实施方案》，研究设置了村志编纂框架、申请了编纂经费，成立了以王春清为组长和主编的《高碑店村志》编纂领导小组和编辑部。邀请北京市地方志办公室原主任王铁鹏等和地方志专家指导《高碑店村志》编纂工作。8 月 4 日，召开了由北京市地方志办公室、朝阳区地方志办、高碑店地区工委领导以及高碑店村两委班子成员、乡贤代表等 30 余人参加的《高碑店村志》编纂工作启动会。《高碑店村志》编纂工作启动后，我们认真深入研究名村志的体例，多次召开座谈研讨会，调整编目，补充资料，排版设计。8 月底，完成志书初稿的撰写以及图片资料的收集整理工作。为确保志书质量，我们以《高碑店村志》编纂成“精品佳志”为目标，集专家和全体编纂人员之智，对志书初稿进行全方位精心打磨。同时，以召开征求意见座谈会、现场调研、对照村史馆内容逐一核实史料，以及将初稿提交村民集体讨论等方式，充分征求高碑店乡领导、知情人和高碑店村村民、乡贤等的意见，兼顾同步完成志书图片的彩插工作。9 月初，《高碑店村志》（初审稿）提交北京市地方志办公室征求意见。根据北京市地方志办公室初审意见和中国地方志指导小组办公室（以下简称中指办）专家的审读意见，我们先后7次对志稿进行了精心修改和补充完善，于10月10日通过中指办审查验收并提交方志出版社进入出版环节。

《高碑店村志》编纂是朝阳区地方志办公室综合了在推进朝阳志鉴体系形成的“专家全程指导模式”“自建队伍组织编纂模式”“政府购买服务”三种修志模式，增加了设置模块化课题研讨、规范化的项目运作、实地考察作业、村民参与征集资料等方式。在编纂过程中，注重创新，在严格遵守志体的前提下，深入领悟名村志的内涵和外延，突出高碑店村的“名”和“特”。村志由朝阳区地方志办公室全程组织编纂，区志业务科人员为各部分内容的责任编辑，乡和村按照收集资料提纲、收集文字资料和图照资料，并进行实地考察作业等。启动前展开充分调研，设置模块化课题；编纂中紧紧围绕和突出“名”和“特”；志稿形成后，发放给村民征求意见，收集“微观”资料等注重凝聚智慧、注重创新模式、注重教化传承、注重培养修志队伍相结合的修志模式，力争达到村志堪存堪鉴、堪读堪传。

《高碑店村志》全面、客观、系统记述了高碑店村新型城镇化进程和社会主义新农村建设取得的突出成就，是改革开放以来，朝阳区农村地区取得巨大成果的一个缩影。同时，它是一部充分反映高碑店村文化的深厚内涵和丰富多彩的农村生活，传承朝阳区农村地区优秀传统文化的志书。志稿采用纲目体，设类目10个，分目50个，分目下设条目200余个。另设大事纪略、概述、后记等，全书13余万字，图照300余张。

《高碑店村志》的编纂是朝阳区深入落实中指办“中国名村志文化工程”的一次有益尝试。通过编纂名村志，不仅系统记述和宣传了高碑店村的“名”与“特”，也极大地促进了朝阳区在农村城市化进程和有序疏解非首都结构功能、农村整治提升过程中，进一步做好朝阳区的历史文化名村、经济强村、新农村建设试点示范村和特色村的规划发展，提供历史智慧、经验借鉴和文化信息。我们相信，《高碑店村志》将成为一张文化名片，并起到传承和延续高碑店村历史文脉、传统文脉和弘扬乡土文化的重要作用，通过讲好老百姓的故事，更好地培育村民的爱乡爱国情怀。

《高碑店村志》编纂过程中得到中指办、北京市地方志办公室、北京民俗博物馆的大力支持，得到了中共朝阳区委农工委（农委）、高碑店乡党委乡政府和高碑店村的大力配合，特别感谢北京市地方志办公室区县处处长王鹏对本志的多次审读和修改，高碑店村党总支副书记王娟为名村志提供了重要的史料和图照。感谢高碑店村聂晓英、吴世英、顾文杰、陈文奎、秦洪奎、方志新等提供的珍贵文字资料和口述资料。最后，感谢中指办的杨海峰、程方勇对本志提供了重要且规范的评审建议。感谢方志出版社名村志编辑部副主任丛珺为本志书的出版所做的工作。

因时间紧迫，许多细节资料和图片未能收录，志书难免留下资料缺失之遗憾。因编纂水平有限，如有记述之不妥，还望有识之士批评指正。因本书中所选照片及诗词文章众多，部分作品未能在出版前及时联系到著作权人，请著作权人看到后与我们联系，我们将奉上稿酬。

编　者

2017 年 10 月

高碑店村村景